~ ceramic brooches ~
オーブンで焼いてつくる
陶器風ブローチ
＆アクセサリー

atelier antenna
イワクラケイコ

文化出版局

はじめに

こんにちは。atelier antenna という名前で製作活動をしている、イワクラ ケイコと申します。九州の大分で、絵を描いたり、陶芸で作品を作ったりしながら暮らしています。

今回、オーブン粘土を使用したブローチ作りの本の話をいただいたことをきっかけに、実際に作って焼いてみながら、私が普段慣れ親しんでいる陶芸とは、性質がずいぶん違うことがわかりました。陶芸でありながら、新しい素材との出会いでもあり、新鮮な気持ちで楽しく作ることができました。

オーブン陶芸は焼成温度の低さから、通常の陶芸で使用する釉薬は使えないので、今回は着彩にアクリル絵の具を主に使用してみました。まるで焼き上げたクッキーのような粘土に絵の具を重ねていくことで、幅広い色・質感の表現が可能になります。本書ではデザインの図案をもとにした粘土形成の方法や、着彩を楽しんでいただける技法を紹介しています。

手作りすることは特別で、またとても温かみがあります。ご自身用に、大切な人へのプレゼントに、ぜひブローチを作ってみてください。きっと、喜んでいただけると思います。包装紙や紙箱を使用した簡単なラッピング例も紹介していますので、ひと手間、心を込めたプレゼント作りの際にご参考ください。

ブローチの作り方をご紹介するにあたって、手作りの愉しさや魅力も、一緒にお伝えすることができたら幸いです。

atelier antenna　イワクラ ケイコ

Contents

			how to make
はじめに			3
Bird 1	鳥	6	50
Bird 2	鳥	7	51
Bird 3	鳥	8	52
Bird 4	鳥	9	53
Flower 1	お花	10	54
Flower 2	お花	11	55
Butterfly	ちょうちょ	12	56

			how to make
Rabbit	ウサギ	13	57
Acorn	どんぐり	14	58
Squirrel	リス	15	59
Cat	ネコ	16	60
Tree	森の木	18	61
Mushroom	きのこ	19	62
Cloud	雲	20	63
Ribbon	リボン	21	64
Darana horse	ダーラナホース	22	65

			how to make
Apple	りんご	23	66
Button	ボタン	24	66
Square	四角形	25	67
House & Garland	お家とガーランド	26	68
Circle	円形	28	70
Hair Accessory	ヘアアクセサリー	29	71

陶器風アクセサリーの作り方	31
基本の材料と道具	32
基本の作り方	34
形の作り方	36
模様のつけ方	38
オーブン陶土を焼くときは	40
色のつけ方	42
アクセサリーパーツのつけ方	44
ラッピングアレンジ	46
Q&A	48
型紙と模様と色のつけ方	49

01～04
Bird 1

ころんとした形がかわいい小鳥のブローチ。
ワンピースやシャツなど胸元のワンポイントに。

how to make ... P.50

05〜07
Bird 2

大きく羽を広げて飛ぶ鳥は存在感が抜群。
ひとつ身につけるだけで、コーディネートの主役になります。

how to make ... P.51

08, 09
Bird 3

落ち着いたムードの小鳥モチーフは
大人らしいシンプルな服にぴったり。

how to make ... P.52

10, 11
Bird 4

幸せを運んでくれそうな鳥のブローチは、
身につけるだけで特別な気持ちになれます。

how to make ... P.53

10

11

12 ~ 16
Flower 1

色の組合せで雰囲気が変わるお花のブローチ。
コーディネートに合わせて楽しく選んで。

how to make ... P.54

17～22
Flower 2

色によって様々な表情になるお花のモチーフ。
ひとつでつけるのも、ブーケのようにまとめてつけるのもおしゃれです。

how to make ... P.55

23~26
Butterfly

ちょうちょのブローチは
ランダムに身につけるのがすてき。
お花のまわりを飛び回るイメージで。

how to make ... P.56

27～31
Rabbit

今にもぴょんと飛び出しそうな元気いっぱいのウサギ。
カジュアルな装いに華をそえます。

how to make ... P.57

32〜36
Acorn

小さなどんぐりのブローチは
色合いや模様のちがいで変化をつけて。

how to make ... P.58

37, 38
Squirrel

くるんとしたしっぽがチャームポイントのリスは
どんぐりとの相性もばっちり。

how to make ... P.59

37   *38*

39~44
Cat

きょとんとした表情が愛らしいネコたち。
あしにくつしたをはかせたり、
上品な色をつけてあげたい。
how to make... P.60

39

40

41

42

43

44

45～51
Tree

並べてもおしゃれな木のモチーフ。
それぞれの色や模様のちがいを楽しんで。

how to make … P.61

45
46
47
48
49
50
51

52 ~ 56
Mushroom

鮮やかな色のきのこモチーフで
いつものコーディネートに個性をプラス。

how to make ... P.62

57, 58
Cloud

水玉柄がポイントの雲のブローチ。
レインコートにぴったりのモチーフです。

how to make ... P.63

59〜63
Ribbon

キュートなリボンのモチーフは
落ち着いた色合いで大人らしく。

how to make ... P.64

64〜69
Darana horse

ダーラナホースは幸せのシンボル。
特別な人への贈りものにもオススメです。

how to make ... P.65

70 ~ 72
Apple

小さなサイズ感がかわいいりんごは
衿元のワンポイントに。

how to make ... P.66

73 ~ 75
Button

まるで本物みたいなボタンのブローチは
ストールなどを留めるのに使ってもすてき。

how to make ... P.66

76～80
Square

シンプルなフォルムと品のある色合い。
大人らしさと女性らしさが身につけられます。

how to make ... P.67

81～90

House & Garland

遊び心のある大ぶりのお家のモチーフは
ガーランドと一緒にバッグやコートにつけておでかけ。

how to make ... P.68

81

82

84　　*85*　　*86*　　*87*

83

88
89
90

27

91〜95
Circle

スタンダードな丸いモチーフ。
模様のつけ方で個性を演出します。

how to make ... P.70

96~98
Hair Accessory

ヘアゴムやヘアピンと組み合わせると
楽しみ方がぐんと広がります。

how to make ... P.71

96

97

98

29

30 　写真は実物大です

陶器風アクセサリーの作り方

陶器風アクセサリーを作るときに必要な材料や、
基本のテクニック、模様や色のつけ方を紹介します。
オーブン陶土の扱い方や模様の工夫、焼き加減についてなど、
一通り確認をして好きな作品を作ってみましょう。

基本の材料と道具

陶器風アクセサリーを作るために用意しておきたい道具です。
手芸店や文房具店などで購入することができます。

オーブン陶土
家庭用オーブンで焼ける粘土。陶器のような仕上がりになります。本書では白・黒・茶の3色を使います（p.40参照）。

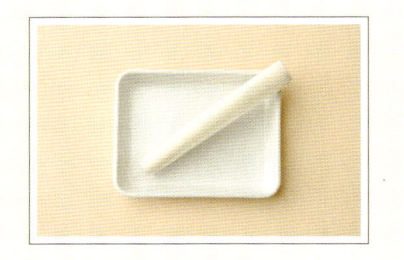

家庭用オーブン
180℃の温度設定ができる、一般の家庭用オーブンです。オーブン皿にオーブンシートを敷き、粘土をのせて焼きます。

トレーシングペーパー
型紙を作るときに、図案を写しとるために使います。薄いタイプのコピー用紙などでも、透けて写せればOK。

鉛筆
図案を型紙に写しとるときに使います。Bか2Bくらいの濃さが描いた線がわかりやすくておすすめ。

カーボン紙
裏面から図案をなぞると同じ絵柄を写しとることができる感圧紙。文房具店で手に入ります。

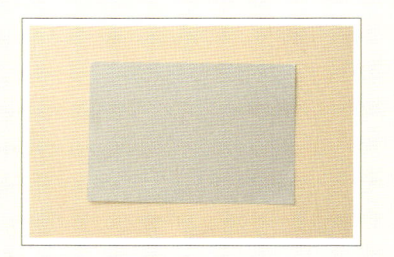

厚紙
型紙を作る厚めの紙。トレーシングペーパーに写しとった図案を、カーボン紙を使って厚紙に描き写します。

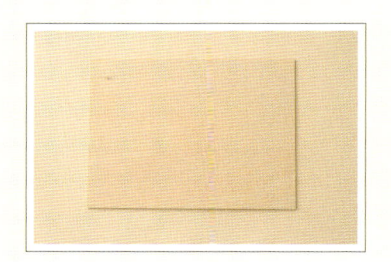

粘土板
粘土をこねたり、形を作るときに下に敷いて使います。プラスチック製の板もありますが、キズがつきやすいので木製がおすすめ。

のし棒
粘土を適度な厚さにのばすための棒。陶芸用として売られていますが、製菓用を粘土専用として代用してもいいでしょう。

粘土用の細工へらときり
粘土を型紙の形にカットするときに使います。付着した粘土はこまめに拭き取りましょう。きりは竹串でも代用できます。

竹串 & つまようじ
粘土に模様をつけたり、アクセサリーパーツに接着剤をつけたりするときに使います。

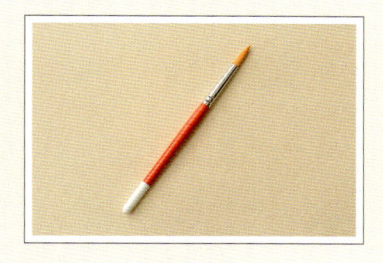

細筆
粘土の凹凸を整えるときに、筆に水をつけて使います。筆は水彩用の細めの筆を用意しましょう。

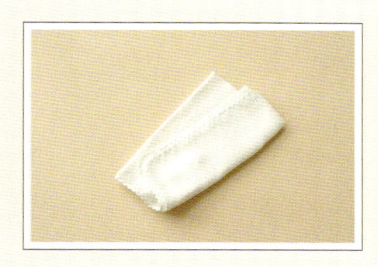

布（てふき）
手や道具についた粘土の汚れを拭き取るために使います。使用したあとはよく洗い、乾かしておきましょう。

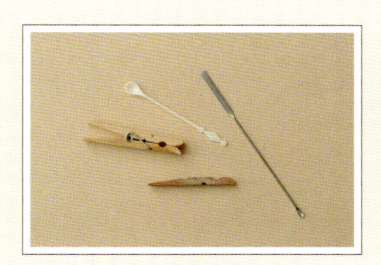

飾り用の道具
身のまわりにあるものを使って模様を描きましょう。この本では、プラスチックマドラーや、木製の洗濯ばさみなどを使います。

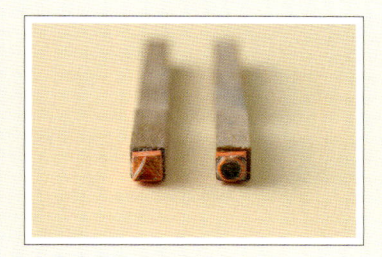

スタンプ
直径2mmの丸や、高さ2mmの三角形模様がつけられるゴム製のスタンプを使用しています。文房具店で購入できます。

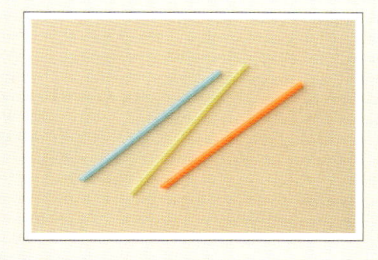

ストロー
スタンプがないときに、粘土に丸い模様つけるために使えます。直径3mmくらいの細めのものがちょうどいい大きさです。

アクリル絵の具
焼いたモチーフに、色をつけるための絵の具です。乾くと色落ちしません。一緒に水と水彩用の筆を用意しましょう。

接着剤
陶磁器に使用できる、2剤を混ぜるタイプです。つまようじを使って混ぜ、アクセサリーパーツにつけます。

アクセサリーパーツ
ブローチ用の金具のほか、ヘアゴムや丸皿つきのヘアピンなど作品に合わせて用意しましょう。手芸店で購入できます。

33

基本の作り方

本書の作品を作るときは、p.49以降の型紙を使用します。
作りたいモチーフは本や雑誌などから探してみるのもよいでしょう。

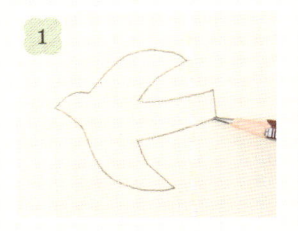

1 作りたい図案を描く
図案をトレーシングペーパーに書き写します。好きなサイズに拡大、縮小するなどアレンジしてもいいでしょう。

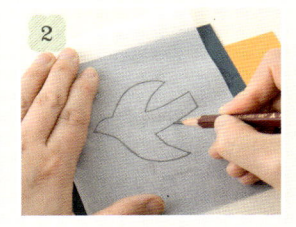

2 厚紙に図案を転写する
厚紙の上に、カーボン紙と、1で図案を転写したトレーシングペーパーを重ねてなぞり、厚紙に図案を転写します。厚紙に直接図案を描いてもOK。

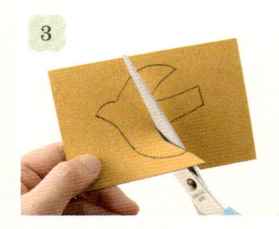

3 図案をカットする
厚紙に転写した図案を、輪郭に沿ってハサミでカットします。できるだけなめらかにカットするのがポイント。

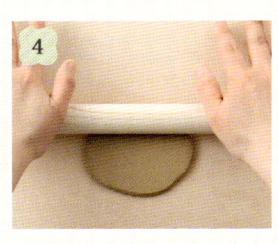

4 粘土を準備する
使う分だけ粘土を袋から取り出し、空気が入らないようにしながら、やわらかくなるまでこねます。丸くまとめ、6〜8mmの厚みになるよう、のし棒で均等にのばします。

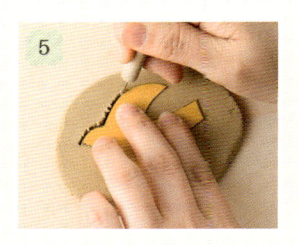

5 型に合わせて粘土をカット
4の粘土に型紙をのせ、きりを型紙に沿わせてカットしていきます。きりは粘土に対して垂直に立て、引くようにカットしましょう。

6 切り口を整える
周りの粘土をはがし、垂直にカットされているかを確認します。斜めになっている部分は、きりで調整します。

7 モチーフを整える
指に水をつけ、角を取るようにやさしく整えていきます。内側にもってくるような気持ちで、表と裏を丁寧に。

8 筆で細かい部分を整える
指で触れられないような角や細かな部分は、水を含ませた細筆で少しずつ整えていきます。

9 模様をつける
身近なものを使って模様をつけていきます。このときに全体のシルエットがゆがみやすいので、やさしく持つように注意します。

10 つまようじの背を使う
動物の目は、つまようじの背の部分を使ってつけましょう。斜めにならないように注意して、軽い力で垂直に押します。

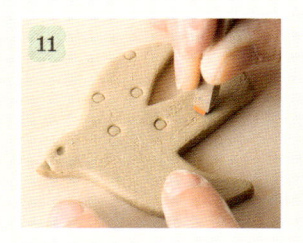

11 スタンプを使う
丸い模様はスタンプを活用します。バランス良く模様をつけていきましょう。

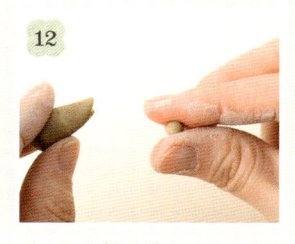

12 パーツを付け足す
ベースのモチーフにパーツを付け足すときは、模様をつけ終わってから。小さい玉は指の腹で転がすように丸めて作ります。

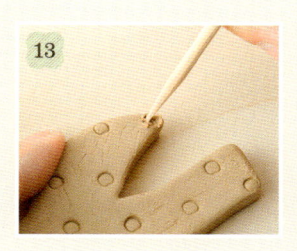

13 接着面にキズをつける
付け足すパーツがしっかりと接着できるよう、接着部分に竹串であらかじめキズをつけておきます。

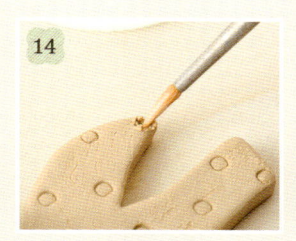

14 水をつけて接着する
キズをつけた部分を、水を含ませた筆でチョンチョンと湿らせます。こうすることで、糊の代わりになります。

15 パーツをのせる
接着する準備が整ったら、パーツをのせます。パーツがつぶれない程度に軽くおさえて接着させましょう。

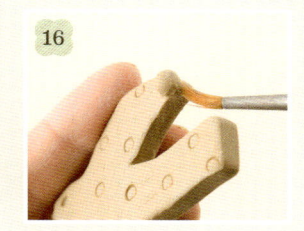

16 筆でなじませる
パーツを接着させたら、ベースのモチーフとの境界をなくすように、水をつけた筆で丁寧になじませます。

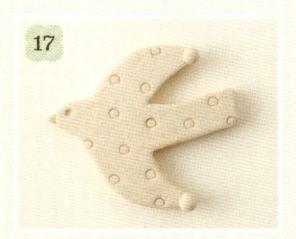

17 十分に自然乾燥させる
形ができあがったら、1日以上自然乾燥させます。ここでしっかりと乾燥させないと、焼成時にヒビが入ってしまいます。

18 焼成する
オーブンで焼成します。160℃〜180℃で30分〜60分の間で焼き加減を調整します。端に少し焦げ目がつく程度がいいでしょう。

19 表面とサイドを着色
絵の具は、少しずつ塗り重ねて色のバランスを調整します。着色せずに、粘土の風合いをそのまま生かしてもいいでしょう。

20 ニュアンスをプラスする
色を塗り重ねるだけでなく、布でゴシゴシとこすりながら色をつけることで、雰囲気のある仕上がりになります。

21 乾燥させる
着色したら、半日以上乾かします。アクリル絵の具を使用しているので、色移りしにくいですが、心配な場合は木工用のニスを塗るといいでしょう。

22 接着剤を塗る
陶器用の接着剤を、つまようじを使ってアクセサリーパーツに塗ります。モチーフの大きさや用途に合わせてアクセサリーパーツを選びましょう。

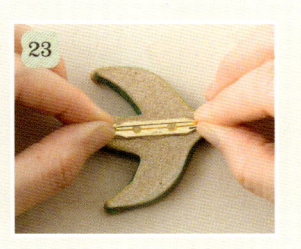

23 アクセサリーパーツを接着する
モチーフからはみでないようにバランスを考えながら接着し、軽くおさえます。そのまま、1日おいて乾燥させましょう。

24 できあがり
アクセサリーパーツがしっかりと接着したら、完成です。

形の作り方

モチーフの形の作り方を説明します。道具は身近なもので代用しても OK。
使うものを工夫することで、違ったニュアンスを表現できます。

tools

① すり棒
ゴマをする際、すり鉢とともに使うすり棒。直径は左端2cm右端1.6cm。ボタンの形を作る際に使用します。

② 粘土用の細工へらときり
へらときりがひとつになった道具。粘土を型紙に合わせてカットするときに使います。

③ 竹串
粘土に模様をつけるとき、便利に使える竹串。汚れても洗って何度も使えます。

④ 細筆
指先が行き届かないような、細かい部分を整えるときやパーツをつけるときに使います。

⑤ 細いストロー
粘土に穴を開けるときに使います。ヘアゴムやひも用の穴には、細めのストローを準備します。

⑥ 布（ふきん）
粘土で汚れた手をふきます。服についた粘土は洗濯しても落ちません。手元は常にきれいにしておきます。

⑦ 型紙
厚紙に図案を転写します。外国のお菓子の箱などで作れば、見た目がかわいく再利用できます。

⑧ 粘土板
形成用と乾燥用の2枚を準備します。汚れてしまったら固く絞った布で拭きとり、乾燥させて使います。

⑨ 水入れ
指先や筆に水を含ませるときに使います。おうちにある口広のビンなどを使うといいです。

how to make

🌲 丸くなめらかに整える

1 水をつけた指先を使って、カットしたときの凹凸をなめらかに整えます。

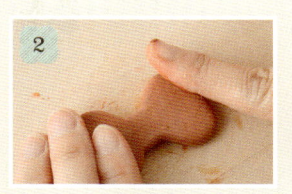

2 角はやさしくなでるようにするとなめらかに。強い力を入れないようにやさしくなでます。

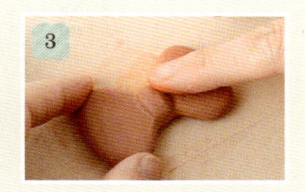

3 加えたパーツはベースのモチーフにしっかりと接着するよう、境目を消すように整えます。

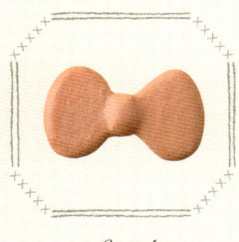

finish

🌲 モチーフに陰影をつける

1 水をつけた指先でなめらかに整えます。細くて折れやすいモチーフは粘土版に置きながら。

2 陰影をつけたいシルエットの型紙をモチーフの上にのせます。

3 型紙の上を軽くなでるように押し、うっすらと陰影が浮かび上がったら型紙を外します。

finish

🌲 ボタンモチーフを作る

1 丸くまとめた粘土を指先で少し押しつぶし、円柱にしておきます。

2 粘土を粘土板に置き、すり棒でギュッと押しつぶします。

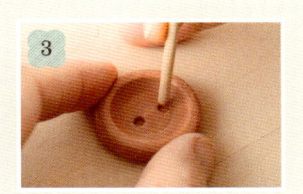

3 竹串の背の部分を使って、ボタンの穴の模様をチョンチョンとつけます。

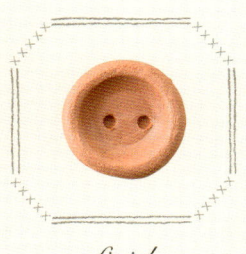

finish

🌲 穴をあける

1 粘土に穴を開けるときはストローを使います。上から垂直に下ろします。

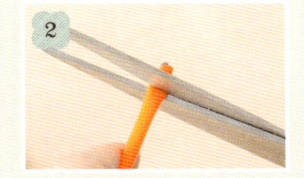

2 貫通したらストローを抜き取り、粘土が入り込んだ部分をハサミでカットします。

3 もう片方も同じように穴を開け、水を含ませた細筆で凹凸をなじませます。

finish

37

模様のつけ方

モチーフの模様のつけ方を説明します。
身のまわりの道具を使って、いろいろな表現を楽しみましょう。

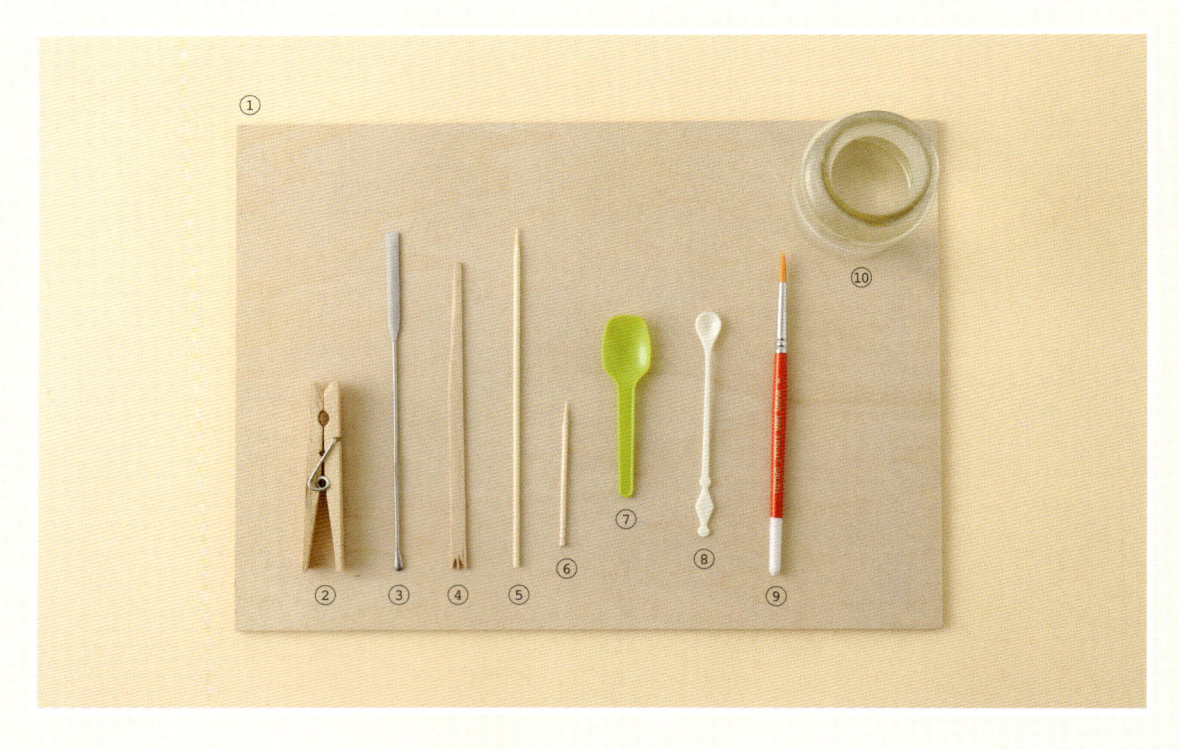

tools

① **粘土板**
形成用と乾燥用の2枚を準備し、汚れてきたら固く絞った布で拭きとり、乾燥させて使います。

② **木製の洗濯ばさみ**
パーツをバラバラに解体して、木の先端で部分で型押しするように使います。

③ **粘土細工用のスパチュラ**
片方がスプーン、もう片方が長方形のへらがついたスパチュラ。薄い定規でも代用できます。

④ **木のマドラー**
写真は木のマドラーを、ハサミでカットしてアレンジしたもの。自作道具の材料として使えます。

⑤ **竹串**
粘土に模様を入れるときに使います。汚れても洗って何度も使えます。

⑥ **つまようじ**
細かな模様を入れるときは、竹串よりも先端が細くなっているつまようじで。また、背の丸いところは動物の目を入れるときに使います。

⑦ **プラスチックスプーン**
アイスクリームを買ったときについてくるスプーン。柄の部分を型押しに使います。

⑧ **プラスチックマドラー**
テイクアウトのコーヒーや紅茶についてくるマドラー。スプーン部分を型押しに使います。

⑨ **細筆**
水彩用の細筆です。粘土の修正に使います。指先では届かないような、細かい模様を整えるのに便利です。

⑩ **水入れ**
指先や筆に水を含ませるときに使います。おうちにある器で代用してもいいでしょう。

how to make

pattern 1
格子模様 &
窓やドア

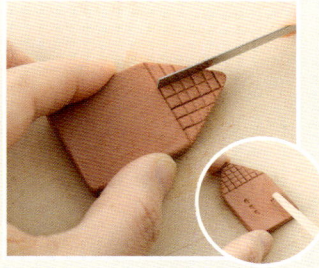

粘土細工用のスパチュラのヘラで格子状の模様をつけます。家のドアや窓はカットした木のマドラーをあてて。

pattern 2
花の模様 1

洗濯ばさみの先端を使ってスタンプ。放射線状に模様をつけていくと、お花の模様に仕上がります。

pattern 3
ふちどり模様

スプーン状のプラスチックマドラーの先端を軽く押し当てます。バランスを考えながらふちどるのがポイント。

pattern 4
花の模様 2

プラスチックスプーンの柄の先端を押し当てて花模様を作ります。どの位置に模様を作るかをあらかじめ考えておくといいでしょう。

pattern 5
動物の模様

表面にシルエットを足していくときは、竹串を少しねかせながら作っていきます。細筆で凹凸取りをするのも忘れずに。

pattern 6
花の模様 3

粘土細工用のスパチュラのスプーン部分を使います。力加減を調整しながら押し当て、放射線状に模様をつけていきます。

オーブン陶土を焼くときは

オーブン陶土の特徴や焼くときのポイントをおさえておきましょう。
使用するオーブンによって焼き具合が異なるので、何度か試しながら焼くといいでしょう。

オーブン陶土とは

この本では、家庭用のオーブンで陶器のような作品が作れる、ヤコの「オーブン陶土」を使用しています。色は白色＝オーブン陶土「エコ」、茶色＝オーブン陶土「紅陶」、黒色＝オーブン陶土「黒木節」を使っています。

保存するときは？

余った粘土はラップにくるんで、ポリ袋か密閉容器に入れ、乾燥させないように保存しておきます。固くなってしまったら軽く絞った濡れふきんに包み、ポリ袋に入れておけば、やわらかくなり使えるようになります。乾燥しやすいので早めに使いきりましょう。

40

焼き加減による仕上がりのちがい

オーブン陶土は焼き加減によって焼き色が変わります。とくに色を塗らない作品は粘土の焼き色がそのままでるので、慣れてきたら好みによって調整してみましょう。

	乾燥させた状態 しっかり乾かしたもの	軽く焼いたとき 180℃で30分焼いたもの	しっかり焼いたとき 180℃で40分焼いたもの
白 (ベージュ色)			
茶 (レンガ色)			
黒 (灰色)			

焼くときのポイント

point 1
しっかり乾燥させる

モチーフができたら、焼く前に乾燥させます。乾燥が足りないと、焼いたときにヒビが入ることがあります。風通しがよい室内で、2～3日間しっかり乾燥させましょう。

point 2
焼き加減をみる

使用するオーブンによって、焼き加減が異なります。160℃から180℃で30分から60分の焼き時間で加減をみます。この本では180℃で30分の加減で焼いていますが、何度か試しに焼いてみて調整しましょう。

point 3
オーブンの汚れや換気に注意

家庭用のオーブンで焼くときには、食品を扱うオーブンの場合はとくに汚れを拭き取って焼きましょう。また、使用後も粘土が落ちていることがあるので、よく冷ましてからきれいにします。においがこもることがあるので、換気もしましょう。

色のつけ方

モチーフへの色の塗り方を説明します。慣れないうちは、薄く塗り重ねていくのが失敗しないポイントです。

tools

アクリル絵の具

① ホルベイン アクリリック ヵラー
美しい発色、光沢、透明感が特徴のアクリル絵の具。着色しやすいなめらかさ。

② ホルベイン アクリラガッシュ
不透明のアクリル絵の具。しっかりと着色でき、乾燥するとマットな質感に仕上がります。

③ ターナー アクリルガッシュ メタリックシリーズ
メリハリのある表現が生まれる金属色。オシャレな雰囲気に仕上がります。

※アクリル絵の具は乾燥しやすく、すぐに固まってしまいます。パレットには必要な分だけ少しずつ出すようにしましょう。

その他の道具

筆＆水入れ
水彩用の筆と、水入れを用意しましょう。絵の具が固まりやすいので、筆はこまめに洗います。

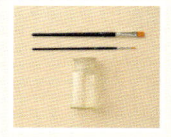

紙パレット
1枚ずつはがして使い捨てができるので、アクリル絵の具に適しています。牛乳パックを切り開いたもので代用できます。

how to make

🕊 混色

1 パレットの上に使いたい絵の具を出し、色を混ぜます。このとき筆に少しの水をつけ、絵の具に加えてなじませます。

2 1で作った色をモチーフに塗ります。混色して作った色を、濃度を調節しながら少しずつ重ねて塗ります。

finish

🕊 重ね塗り

1 色が濃いほうの絵の具をモチーフに塗ります。絵の具は地の色が透けるくらいの濃さに、水で調整しましょう。

2 軽く乾燥させたら2色目を塗り重ねます。異なる色を重ねることで奥行きのある風合いが出せます。

finish

🕊 風合いを出す

水で薄めて塗る
水で絵の具を薄めて塗ると、モチーフの粘土の色や質感を生かすことができます。

しっかりと塗る
水をあまり加えずに塗れば、絵の具の色味をしっかりと表現できます。

着色して布でこする
色を塗った後に布でゴシゴシとこすると、独特のニュアンスを表現できます。

43

アクセサリーパーツのつけ方

モチーフを活躍させるための、アクセサリーパーツのつけ方を説明します。パーツは、手芸店や100円ショップなどの身近なお店で手に入れることができます。

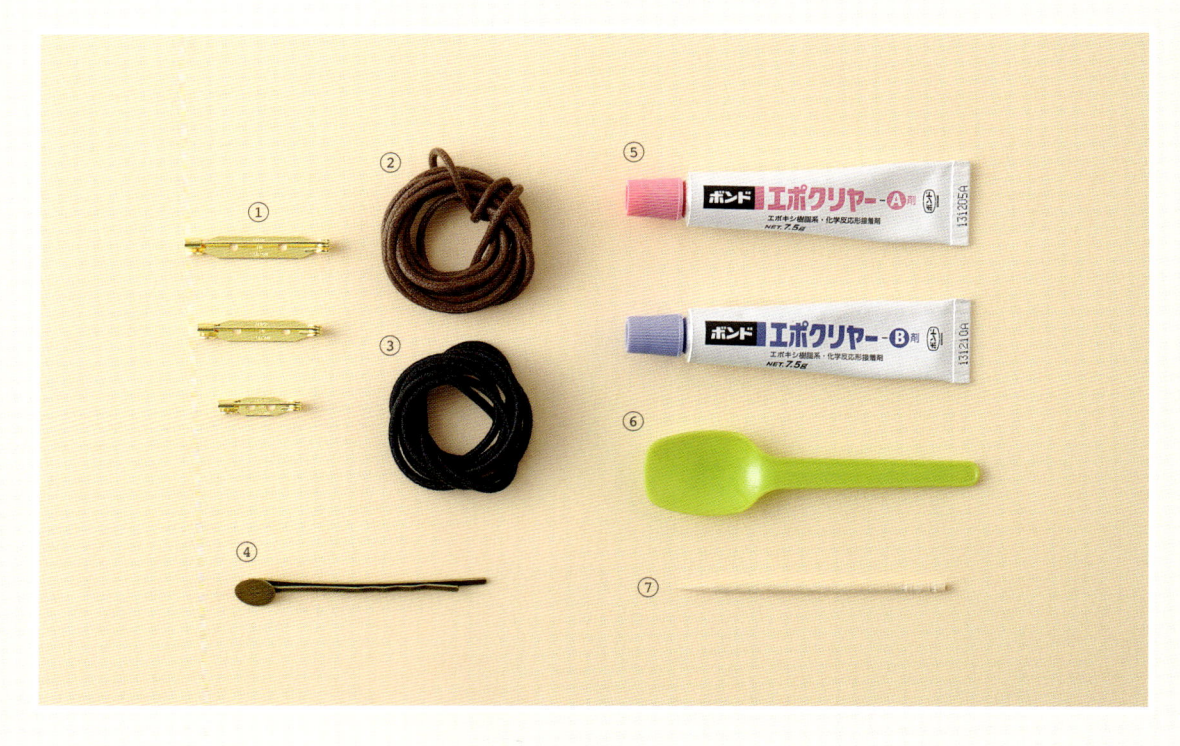

tools

① ブローチピン
ブローチピンは、20mm、30mm、35mmを準備しておくと便利。モチーフに合わせて選びます。

② コットンひも
コットンはもちろん、麻や革などもOK。モチーフのイメージや、用途に合うひもを準備しましょう。

③ ヘアゴム
太さ3mm程度が、髪をまとめるのに適度なサイズ。穴の大きさを調整すれば太さは自由に変えていいです。

④ ヘアピン
丸皿がついたヘアピンパーツを選びましょう。手芸店で購入できます。

⑤ 陶磁器用接着剤
本書で使用したのは2剤を混ぜて使うタイプ※。陶磁器と金属を接着できるものを用意しましょう。

⑥ プラスチックスプーン
接着剤を混ぜるときに便利な、使い捨てスプーン。皿の部分に接着剤を出して使います。

⑦ つまようじ
接着剤を混ぜたり、混ぜた接着剤をアクセサリーパーツにつけるのに使います。

※コニシ/ガラス細工・手工芸用ボンド/エポクリアー #14923 15gセット

how to make

🌸 ブローチ

1 モチーフとアクセサリーパーツを準備し、スプーンの皿の上で接着剤のA剤とB剤を混ぜます。

2 アクセサリーパーツの裏側に、混ぜた接着剤をつまようじで塗っていきます。

3 モチーフの裏側に、バランスをみながらアクセサリーパーツを接着し、1時間ほど乾燥させます。

finish

🌸 ネックレス

1 完成したモチーフと、アクセサリーパーツを準備します。

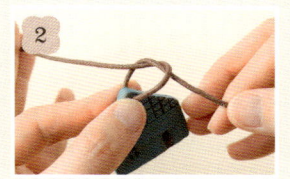

2 モチーフの穴にひもを通して、はじめに1回だけ結びます。

3 つぎに、ひもを2本まとめて止め結びをします。根元でしっかりキュッと結びましょう。

finish

🌸 ヘアピン

1 スプーンの皿の上で混ぜた接着剤を、つまようじを使ってヘアピンの丸皿部分につけます。

2 接着剤をつけた丸皿を、モチーフの中央に置いて接着します。接着剤がはみでてもOK。

3 裏返しにしたままでピンの下に布を置き、そのまま1時間ほど乾燥させます。

finish

🌸 ヘアゴム

1 ヘアゴムを適度な長さにカットして、モチーフの穴に通します。

2 ヘアゴムの端を左右の指で持ち、しっかりと2回結びます。

3 ヘアゴムの結び目をモチーフの裏側に移動させて隠します。

finish

45

ラッピングアレンジ

プレゼント用ラッピングのアイデアを紹介します。
雑貨店や文房具店などで、お気に入りのラッピング小物を探してみましょう。

🎁 ボックスアレンジ

準備するもの

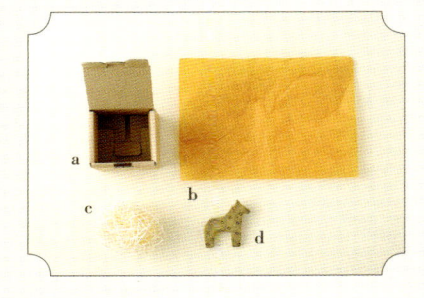

how to make

シンプルなペーパーボックス(a)のなかに、グラシン紙(b)とカットペーパー(c)を敷き、アクセサリー(d)をそっと置きます。

dress up

ペーパーボックスのまわりに、ラッピングペーパーを巻いてもOK。紙ひもやリボンで飾ればすてきなギフトに。

🎁 コースターアレンジ

準備するもの

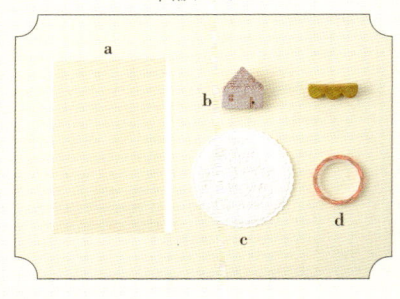

how to make

紙や布のコースター(c)にブローチ(b)をとめて、透明袋(a)に入れます。上を後ろに折り、カラフルなマスキングテープ(d)で封をするだけ。

dress up

外国製のペーパーバッグに、ドライフラワーをステープラーでとめて。ガーリーなプレゼントに仕上がります。

🎁 シーズンアレンジ

準備するもの

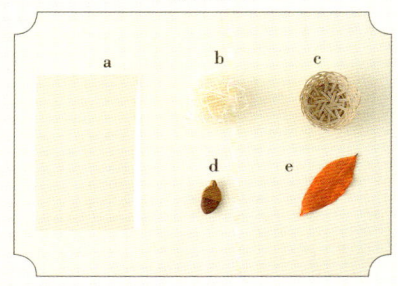

how to make

小さなかご(c)にカットペーパー(b)をつめて、アクセサリー(d)をのせて。透明袋(a)に入れ、木の葉(e)と一緒にステープラーで封をします。

dress up

シンプルなボックスにつめて。文房具店や雑貨店で手に入るタグやレトロなクリップでアンティーク風に仕上げます。

47

Q & A

Q. 粘土がうまくまとまりません。

袋から粘土を取り出したら、まずは手でやわらかくなるまでこねてから形成を始めましょう。このとき、なるべく空気が入らないようにすると、ヒビ割れしにくいです。粘土はとても乾きやすいので、袋から出すのは使う分だけにします。一度出した粘土は、湿らせた布で包んでおけば乾燥を防ぐことができます。

Q. 模様をつける道具は、どこで探すのがいい？

おすすめは、雑貨店や手芸店。アンティークのボタンやハンコなどに注目です。また、キッチン用具店、100円ショップ、ホームセンターなどにある、身の回りの小物も活用できます。日々の暮らしのなかでアンテナを張ってみてください。

Q. 筆はどんなものを準備すればいい？

形成用に水彩用の細筆、着色用に水彩用の平筆の2種があれば大丈夫です。細かい部分への着色は細筆を使うこともあります。形成・着色を含め、用途にあったものをチョイスしましょう。

Q. 色を塗るときのコツは？

少しずつ塗り重ねていくのが成功のポイント。イメージする色に近づくよう、色味を調整しながら進めることができるからです。ちなみに、色を塗るのは表面とサイドのみ。裏面にはみださないように丁寧に塗れば、よりキレイに仕上がります。

Q. モチーフをオーブンで焼くときの注意点は？

樹脂が溶けたような臭いがしますので、必ず換気をしながら焼いてください。焼き始めて30分を目安に焼け具合を確認し、10分ずつ焼き足ししながら調整します。また、モチーフを焼いた後は、オーブン内をしっかりと拭き掃除しておきましょう。

型紙と模様と色のつけ方

p.6～29の作品の型紙と、作品に使用するアクセサリーパーツ、
着色に使う絵の具と模様をつける道具を掲載しています。
材料をそろえて、好きな作品にチャレンジしてみましょう。

＜使用する色の見方＞

この本では、いくつかのメーカーの絵の具を使っています。色の名前は各メーカーでの表記をそのまま掲載しています。メーカーの指示は下記のように表しているので、参照してください。

- ホルベイン アクリリックカラー
  →「カラー」
- ホルベイン アクリラガッシュ
  →「ガッシュ」
- ターナー アクリルガッシュメタリックシリーズ
  →「メタリック」

色の指示
↓
[28] a→b（重ね塗り）

[28] c

作品番号 →28

色の塗り方の指示
・重ね塗り a→b
・混色 a＋b

＜模様の道具＞

各作品につける模様に使った道具を掲載しました。p.38を参照して模様をつけましょう。道具は必ず決まったものを使わなくてもよいので、身のまわりにあるものを工夫して使ったり、好きな模様をつけたりして楽しみましょう。

A 竹串
B スタンプの○
C スタンプの△
D つまようじ
E プラスチックスプーン
F 粘土細工用のスパチュラ
G 木製の洗濯ばさみ
H 木のマドラーをカットしたもの
I 刺繍針（太め）の柄
J 厚紙（型紙を使用）p.37 参照
K すり棒
L プラスチックマドラー

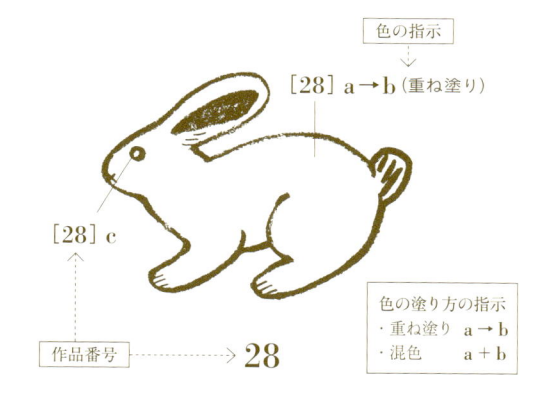

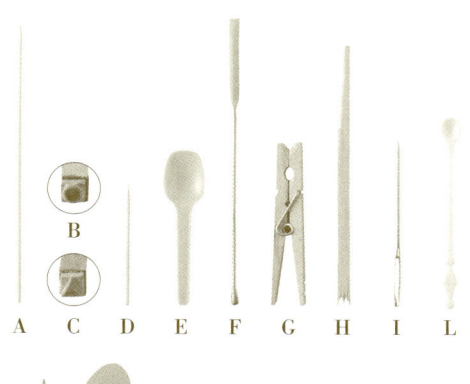

01〜04
Bird 1
（作品掲載：p.6）

使用する材料と道具

01 ・粘土（白）
　　・模様の道具（プラスチックスプーン、粘土細工用のスパチュラ、木製の洗濯ばさみ）
　　・ブローチピン（30mm）

02 ・粘土（茶）
　　・模様の道具（プラスチックスプーン、粘土細工用のスパチュラ、木製の洗濯ばさみ）
　　・ブローチピン（30mm）

03 ・粘土（白）
　　・模様の道具（プラスチックスプーン、粘土細工用のスパチュラ、木製の洗濯ばさみ）
　　・ブローチピン（30mm）

04 ・粘土（黒）
　　・模様の道具（プラスチックスプーン、粘土細工用のスパチュラ、木製の洗濯ばさみ）
　　・ブローチピン（30mm）

使用する色

01 a…アッシュローズ（ガッシュ）
　　b…ゴールドライト（メタリック）
02 a…アッシュグリーン（ガッシュ）
　　b…ゴールドライト　メタリック）
03 a…アッシュイエロー（ガッシュ）
　　b…ゴールドライト（メタリック）
04 a…アイボリブラック（カラー）
　　b…ゴールドライト（メタリック）

[01] b
[04] b

[01] a＋b（混色）
[04] a

01・04

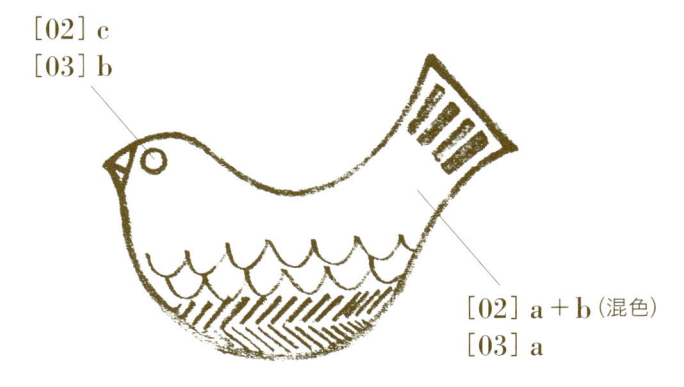

[02] c
[03] b

[02] a＋b（混色）
[03] a

02・03

カバー・05〜07

Bird 2

（作品掲載：p.7）

使用する材料と道具

カバー
- ・粘土（茶）
- ・模様の道具（スタンプの○、つまようじ）
- ・ブローチピン（30mm）

05
- ・粘土（黒）
- ・模様の道具（スタンプの○、つまようじ）
- ・ブローチピン（35mm）

06
- ・粘土（白）
- ・模様の道具（スタンプの○、つまようじ）
- ・ブローチピン（35mm）

07
- ・粘土（白）
- ・模様の道具（スタンプの○、つまようじ）
- ・ブローチピン（35mm）

使用する色

カバー
- a…フタログリーン（カラー）
- b…ゴールドディープ（メタリック）

05　a…ゴールドディープ（メタリック）

06
- a…コンポーズブルー（カラー）
- b…ジンクホワイト（カラー）
- c…ゴールドライト（メタリック）

07
- a…コンポーズブルー（カラー）
- b…イミダゾロンレモン（カラー）
- c…ジンクホワイト（カラー）
- d…ゴールドライト（メタリック）

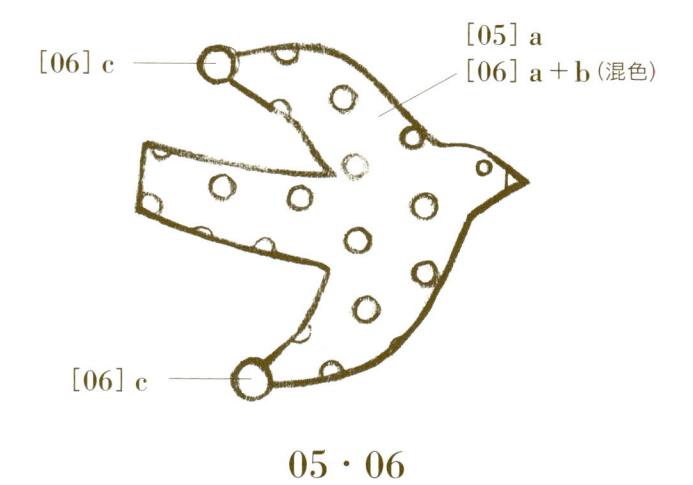

[06] c ── [05] a
[06] a＋b（混色）
[06] c

05・06

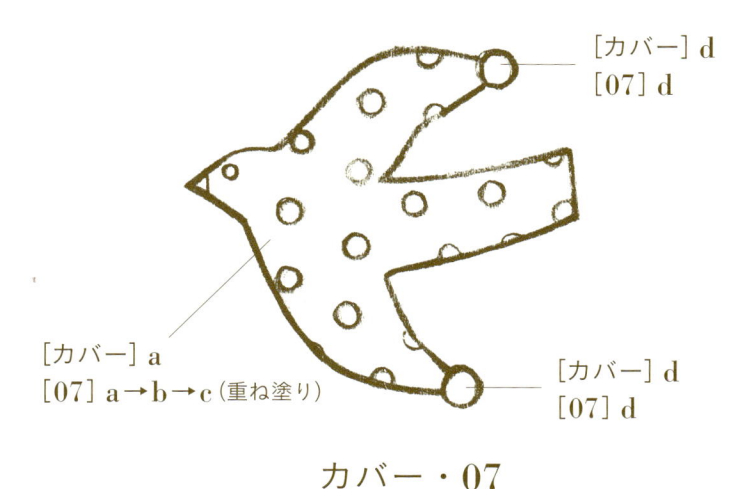

[カバー] d
[07] d

[カバー] a
[07] a→b→c（重ね塗り）

[カバー] d
[07] d

カバー・07

※作品07は、着色後に布でこすってニュアンスを出します。

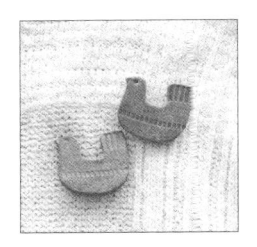

08, 09
Bird 3
(作品掲載：p.8)

使用する材料と道具

08 ・粘土(黒)
 ・ブローチピン(30mm)
 ・模様の道具(つまようじ、木製の洗濯ばさみ、木のマドラーをカットしたもの)

09 ・粘土(白)
 ・ブローチピン(30mm)
 ・模様の道具(つまようじ、木製の洗濯ばさみ、木のマドラーをカットしたもの)

使用する色

08 a…イエローオーカー(カラー)
09 a…コンポーズブルー(カラー)
 b…フタロクリーン(カラー)

[08] a
[09] a→b (重ね塗り)

08・09

※作品08・09は、着色後に布でこすってニュアンスを出します。

10, 11
Bird 4
（作品掲載：p.9）

使用する材料と道具

10 ・粘土（黒）
 ・模様の道具（つまようじ、粘土細工用のスパチュラ）
 ・ブローチピン（30mm）
11 ・粘土（茶）
 ・模様の道具（つまようじ、粘土細工用のスパチュラ）
 ・ブローチピン（30mm）

使用する色

10 a…ゴールドライト（メタリック）
11 a…ジンクホワイト（カラー）

[10] a

10

[11] a

11

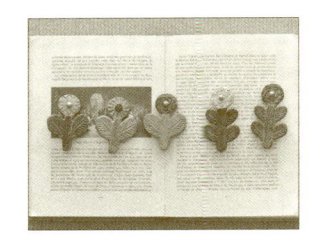

12〜16
Flower 1
(作品掲載：p.10)

使用する材料と道具
- 12 ・粘土(白)
  - 模様の道具(竹串、粘土細工用のスパチュラ)
  - ブローチピン(35mm)
- 13 ・粘土(黒)
  - 模様の道具(竹串、粘土細工用のスパチュラ、刺繍針(太め)の針穴)
  - ブローチピン(30mm)
- 14 ・粘土(茶)
  - 模様の道具(竹串、プラスチックスプーン)
  - ブローチピン(30mm)
- 15 ・粘土(白)
  - 模様の道具(竹串、プラスチックスプーン)
  - ブローチピン(35mm)
- 16 ・粘土(黒)
  - 模様の道具(竹串、プラスチックスプーン)
  - ブローチピン(30mm)

使用する色
- 12 a…コンポーズブルー(カラー)
  - b…シルバー(メタリック)
  - c…サップグリーン(カラー)
  - d…グリニッシュイエロー(カラー)
- 13 a…コンポーズブルー(カラー)
  - b…バーントアンバー(カラー)
  - c…ゴールドディープ(メタリック)
- 14 a…ピロールルビン(カラー)
  - b…アッシュグリーン(ガッシュ)
  - c…ゴールドライト(メタリック)
- 15 a…ジンクホワイト(カラー)
  - b…フタログリーン(カラー)
  - c…ゴールドライト(メタリック)
- 16 a…ゴールドライト(メタリック)

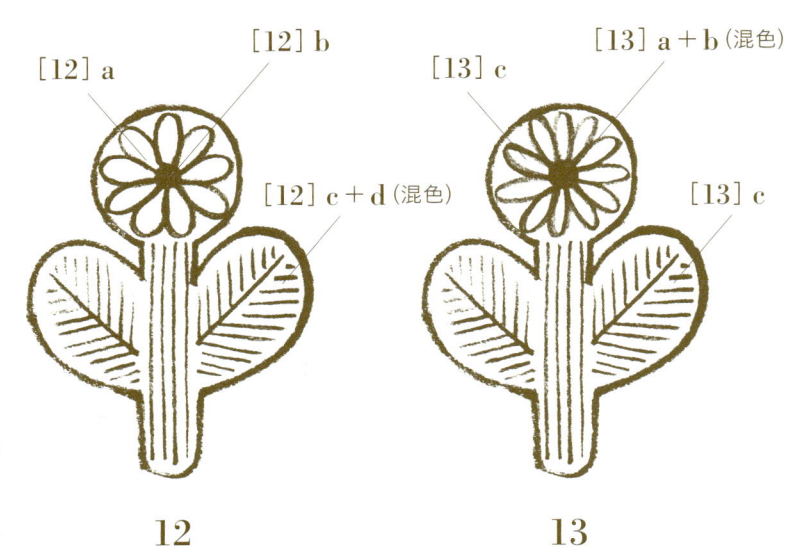

12
- [12] a
- [12] b
- [12] c + d (混色)

13
- [13] c
- [13] a + b (混色)
- [13] c

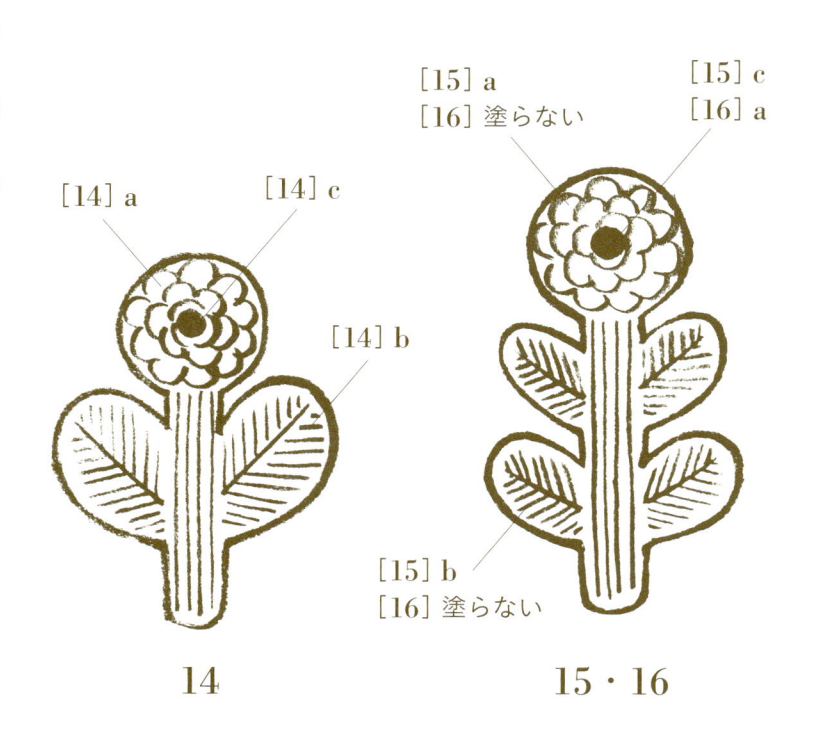

14
- [14] a
- [14] c
- [14] b

15・16
- [15] a / [16] 塗らない
- [15] c / [16] a
- [15] b / [16] 塗らない

17〜22
Flower 2
（作品掲載：p.11）

使用する材料と道具

17 ・粘土(黒)
　 ・ブローチピン(30mm)
18 ・粘土(茶)
　 ・ブローチピン(30mm)
19 ・粘土(茶)
　 ・模様の道具(木製の洗濯ばさみ)
　 ・ブローチピン(30mm)
20 ・粘土(白)
　 ・模様の道具(木製の洗濯ばさみ)
　 ・ブローチピン(30mm)
21 ・粘土(黒)
　 ・ブローチピン(25mm)
22 ・粘土(白)
　 ・ブローチピン(25mm)

使用する色

17 a…アッシュグリーン(ガッシュ)
　 b…ジンクホワイト(カラー)
18 a…ピロールルビン(カラー)
　 b…ゴールドディープ(メタリック)
19 a…ジンクホワイト(カラー)
　 b…イミダゾロンレモン(カラー)
　 c…ゴールドディープ(メタリック)
20 a…コンポーズブルー(カラー)
　 b…ピロールルビン(カラー)
　 c…イミダゾロンレモン(カラー)
21 a…ジンクホワイト(カラー)
　 b…ゴールドライト(メタリック)
22 a…イミダゾロンレモン(カラー)
　 b…バーントアンバー(カラー)

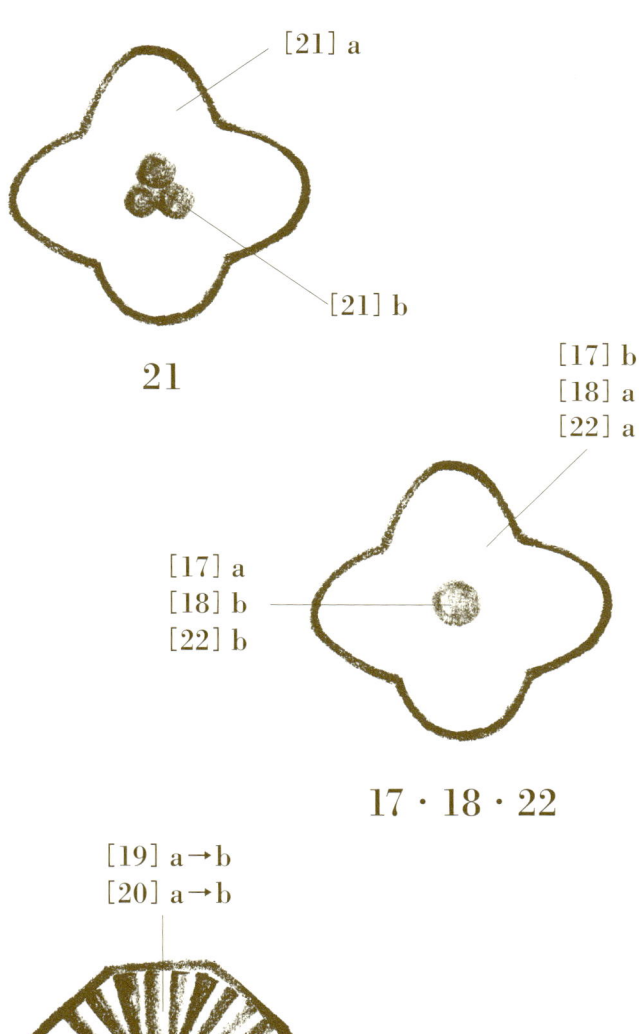

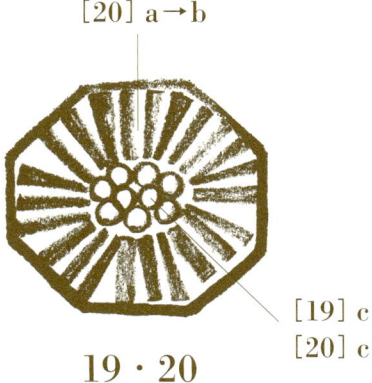

[21] a

[21] b

21

[17] b
[18] a
[22] a

[17] a
[18] b
[22] b

17・18・22

[19] a→b
[20] a→b

[19] c
[20] c

19・20

23〜26
Butterfly
（作品掲載：p.12）

使用する材料と道具
23 ・粘土（黒）
　　・模様の道具（竹串 スタンプの○）
　　・ブローチピン（30mm）
24 ・粘土（白）
　　・模様の道具（竹串）
　　・ブローチピン（30mm）
25 ・粘土（黒）
　　・模様の道具（竹串）
　　・ブローチピン（30mm）
26 ・粘土（茶）
　　・模様の道具（竹串、プラスチックスプーン）
　　・ブローチピン（30mm）

使用する色
23 a…ジンクホワイト（カラー）
　　b…ゴールドライト（メタリック）
　　c…バーントアンバー（カラー）
24 a…コンポーズブルー（カラー）
　　b…グリニッシュイエロー（カラー）
25 a…ゴールドディープ（メタリック）
　　b…アイボリックブラック（カラー）
26 a…イエローオーカー（カラー）
　　b…シルバー（メタリック）

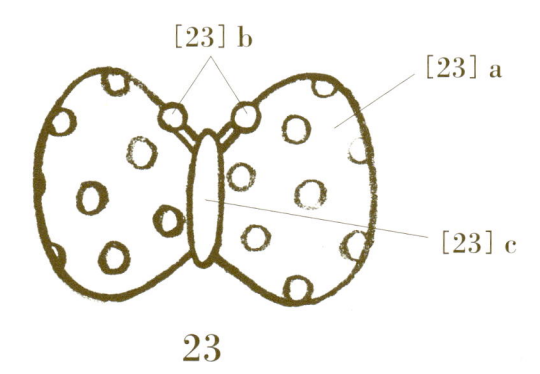

[23] b
[23] a
[23] c
23

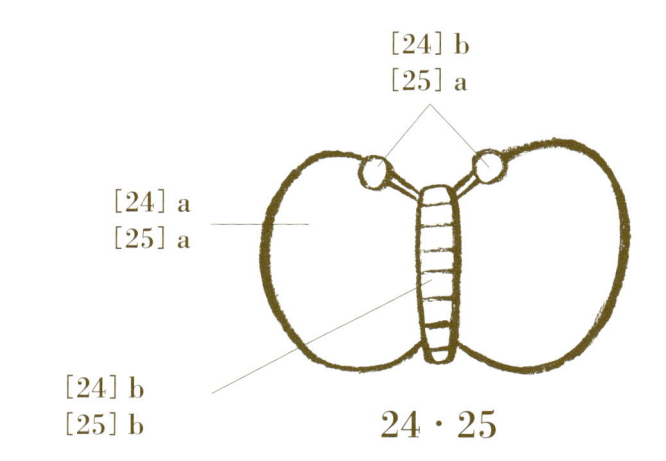

[24] b
[25] a
[24] a
[25] a
[24] b
[25] b
24・25

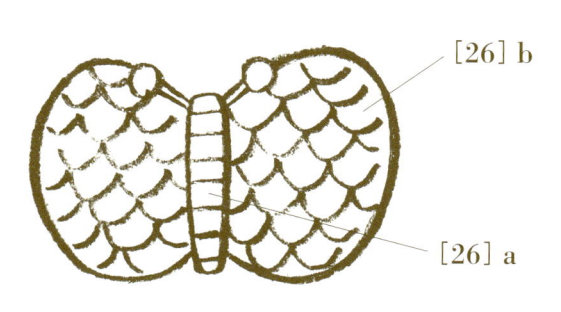

[26] b
[26] a
26

※作品23は、着色後に布でこすってニュアンスを出します。

27〜31
Rabbit
（作品掲載：p.13）

使用する材料と道具

27 ・粘土(黒)
　 ・模様の道具(竹串、つまようじ、プラスチックスプーン、粘土細工用のスパチュラ)
　 ・ブローチピン(30mm)

28 ・粘土(茶)
　 ・模様の道具(竹串、つまようじ、プラスチックスプーン、粘土細工用のスパチュラ)
　 ・ブローチピン(30mm)

29 ・粘土(白)
　 ・模様の道具(竹串、つまようじ、プラスチックスプーン、粘土細工用のスパチュラ)
　 ・ブローチピン(30mm)

30 ・粘土(茶)
　 ・模様の道具(竹串、つまようじ、プラスチックスプーン、粘土細工用のスパチュラ)
　 ・ブローチピン(30mm)

31 ・粘土(茶)
　 ・模様の道具(竹串、つまようじ、プラスチックスプーン、粘土細工用のスパチュラ)
　 ・ブローチピン(35mm)

使用する色

27 a…コンポーズブルー(カラー)
　 b…ピロールルビン(カラー)
　 c…アッシュグリーン(ガッシュ)
28 a…アッシュイエロー(ガッシュ)
　 b…ジンクホワイト(カラー)
　 c…ピロールルビン(カラー)
29 a…グリニッシュイエロー(カラー)
30 a…バーントアンバー(カラー)
31 a…ジンクホワイト(カラー)
　 b…イミダゾロンレモン(カラー)

[27] a→c (重ね塗り)
[27] b
27

[28] a→b (重ね塗り)
[28] c
28

[31] c
[29] a
[31] a＋b (混色)
29・31

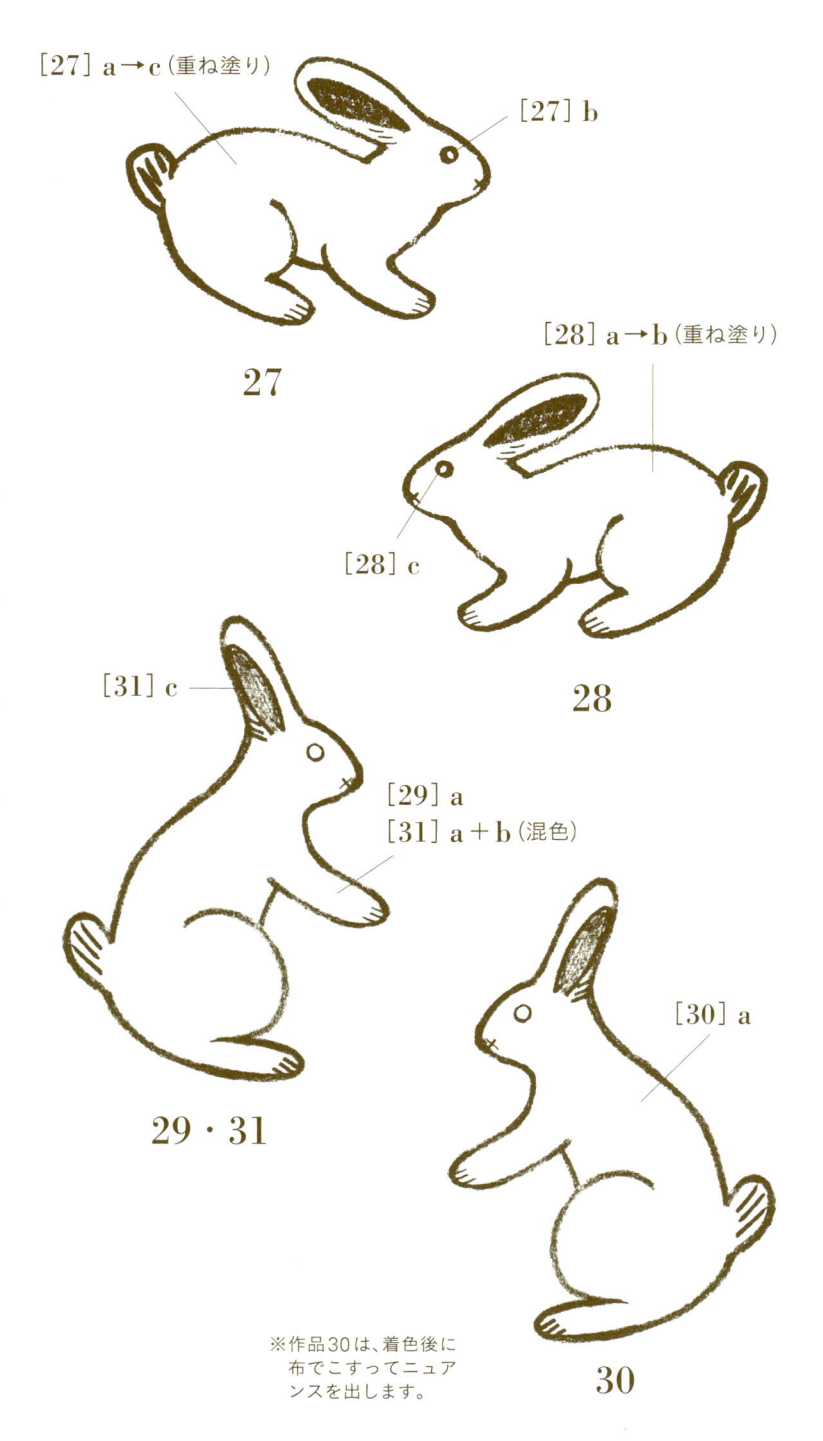

[30] a
30

※作品30は、着色後に布でこすってニュアンスを出します。

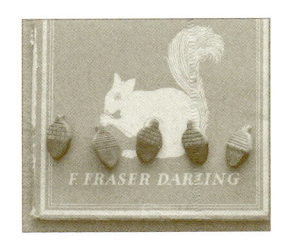

32～36

Acorn

（作品掲載：p.14）

使用する材料と道具

32 ・粘土（茶）
　　・模様の道具（竹串、粘土細工用のスパチュラ）
　　・ブローチピン（20mm）
33 ・粘土（茶）
　　・模様の道具（竹串、粘土細工用のスパチュラ）
　　・ブローチピン（20mm）
34 ・粘土（茶）
　　・模様の道具（竹串、粘土細工用のスパチュラ）
　　・ブローチピン（20mm）
35 ・粘土（茶）
　　・模様の道具（竹串、粘土細工用のスパチュラ）
　　・ブローチピン（20mm）
36 ・粘土（茶）
　　・模様の道具（竹串、粘土細工用のスパチュラ）
　　・ブローチピン（20mm）

使用する色

32 a…イエローオーカー（カラー）
　　b…バーントアンバー（カラー）
　　c…グリニッシュイエロー（カラー）
33 a…イエローオーカー（カラー）
　　b…バーントアンバー（カラー）
　　c…グリニッシュイエロー（カラー）
34 a…イエローオーカー（カラー）
　　b…バーントアンバー（カラー）
　　c…グリニッシュイエロー（カラー）
35 a…イエローオーカー（カラー）
　　b…バーントアンバー（カラー）
　　c…グリニッシュイエロー（カラー）
36 a…イエローオーカー（カラー）
　　b…バーントアンバー（カラー）
　　c…グリニッシュイエロー（カラー）

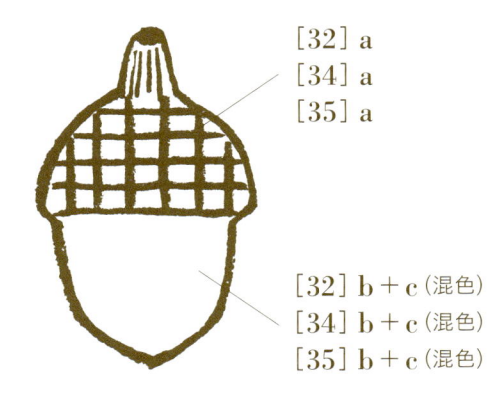

[32] a
[34] a
[35] a

[32] b＋c（混色）
[34] b＋c（混色）
[35] b＋c（混色）

32・34・35

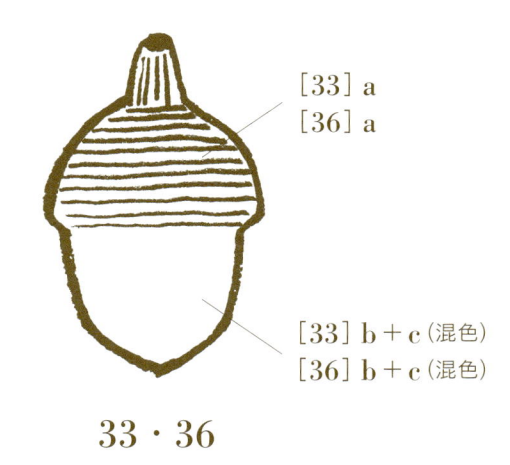

[33] a
[36] a

[33] b＋c（混色）
[36] b＋c（混色）

33・36

※作品32～36は、使用する色は同じですが、
　色の濃度を調整したり、布でこすったりして
　ニュアンスを出し調整しています。

37, 38
Squirrel
（作品掲載：p.15）

使用する材料と道具

37　・粘土（黒）
　　・模様の道具（竹串、つまようじ、
　　　粘土細工用のスパチュラ）
　　・ブローチピン（30mm）
38　・粘土（茶）
　　・模様の道具（竹串、つまようじ、
　　　粘土細工用のスパチュラ）
　　・ブローチピン（30mm）

使用する色

37　a…バーントアンバー（カラー）
　　b…イエローオーカー（カラー）
38　a…バーントアンバー（カラー）

［37］a→b（重ね塗り）

37

［38］a

38

59

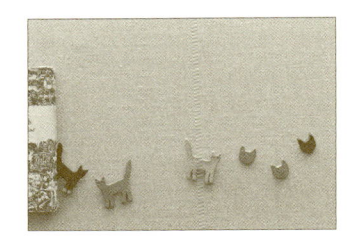

39～44

Cat
（作品掲載：p.16, 17）

使用する材料と道具

39 ・粘土（黒）
　　・模様の道具（竹串、粘土細工用のスパチュラ）
　　・ブローチピン（30mm）

40 ・粘土（茶）
　　・模様の道具（竹串、粘土細工用のスパチュラ）
　　・ブローチピン（30mm）

41 ・粘土（黒）
　　・模様の道具（竹串、粘土細工用のスパチュラ）
　　・ブローチピン（30mm）

42 ・粘土（黒）
　　・模様の道具（竹串、粘土細工用のスパチュラ）
　　・ブローチピン（20mm）

43 ・粘土（黒）
　　・模様の道具（竹串、粘土細工用のスパチュラ）
　　・ブローチピン（20mm）

44 ・粘土（黒）
　　・模様の道具（竹串、粘土細工用のスパチュラ）
　　・ブローチピン（20mm）

使用する色

39 a…アイボリブラック（カラー）
　　b…ジンクホワイト（カラー）
40 a…アッシュグリーン（ガッシュ）
　　b…アッシュイエロー（ガッシュ）
41 a…ジンクホワイト（カラー）
42 a…ジンクホワイト（カラー）
43 a…ゴールドディープ（メタリック）
44 a…アイボリブラック（カラー）

[39] a
[41] a
[39] b

39・41

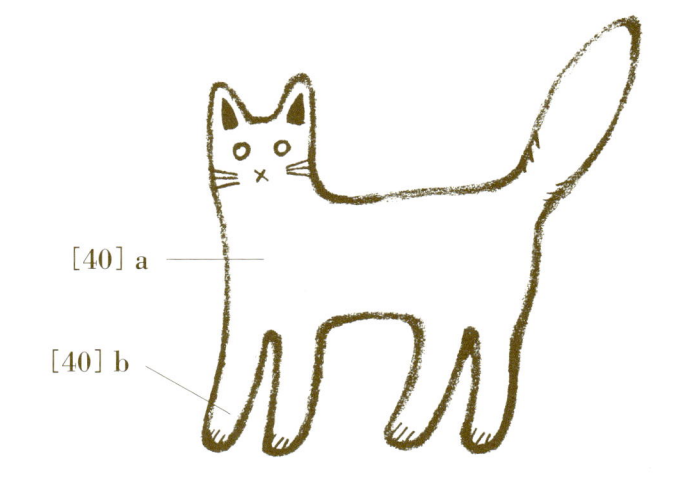

[40] a
[40] b

40

42・43・44

※作品40と41は、着色後に布でこすってニュアンスを出します。

45〜51
Tree
（作品掲載：p.18）

使用する材料と道具

- 45
  - 粘土（茶）
  - 模様の道具（厚紙（型紙を使用）p.37参照）
  - ブローチピン（30mm）
- 46
  - 粘土（黒）
  - 模様の道具（プラスチックスプーン、粘土細工用のスパチュラ）
  - ブローチピン（25mm）
- 47
  - 粘土（黒）
  - 模様の道具（厚紙（型紙を使用）p.37参照）
  - ブローチピン（30mm）
- 48
  - 粘土（茶）
  - 模様の道具（粘土細工用のスパチュラ、木製の洗濯ばさみ）
  - ブローチピン（25mm）
- 49
  - 粘土（茶）
  - 模様の道具（竹串、粘土細工用のスパチュラ）
  - ブローチピン（30mm）
- 50
  - 粘土（白）
  - 模様の道具（粘土細工用のスパチュラ、木製の洗濯ばさみ）
  - ブローチピン（30mm）
- 51
  - 粘土（茶）
  - 模様の道具（プラスチックスプーン、粘土細工用のスパチュラ）
  - ブローチピン（25mm）

使用する色

- 45　a…グリニッシュイエロー（カラー）
     b…バーントアンバー（カラー）
- 46　a…ジンクホワイト（カラー）
     b…アイボリブラック（カラー）
     c…バーントアンバー（カラー）
- 47　a…アッシュグリーン（ガッシュ）
     b…アッシュイエロー（ガッシュ）
     c…イエローオーカー（カラー）
- 48　a…フタログリーン（カラー）
     b…バーントアンバー（カラー）
- 49　a…サップグリーン（カラー）
     b…グリニッシュイエロー（カラー）
     c…バーントアンバー（カラー）
- 50　a…ジンクホワイト（カラー）
     b…バーントアンバー（カラー）
     c…アイボリブラック（カラー）
- 51　a…イミダゾロンレモン（カラー）
     b…サップグリーン（カラー）
     c…バーントアンバー（カラー）

[48] a
[48] b
48

[45] a
[51] a→b（重ね塗り）

[45] b＋c（混色）
[51] c

46・51

[45] a
[47] a

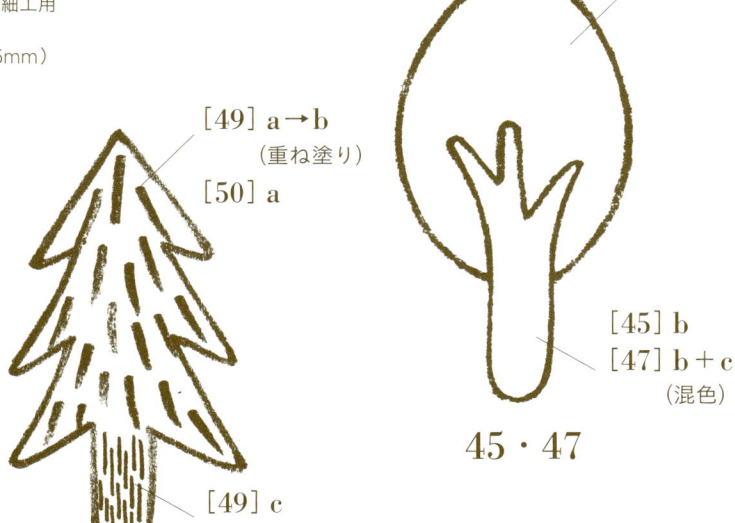

[45] b
[47] b＋c（混色）

45・47

[49] a→b（重ね塗り）
[50] a

[49] c
[50] b＋c（混色）

49・50

52～56
Mushroom
(作品掲載:p.19)

使用する材料と道具
52 ・粘土(黒)
　　・模様の道具(竹串)
　　・ブローチピン(20mm)
53 ・粘土(茶)
　　・模様の道具(竹串)
　　・ブローチピン(25mm)
54 ・粘土(茶)
　　・模様の道具(竹串)
　　・ブローチピン(20mm)
55 ・粘土(茶)
　　・模様の道具(竹串)
　　・ブローチピン(25mm)
56 ・粘土(茶)
　　・模様の道具(竹串)
　　・ブローチピン(25mm)

使用する色
52 a…シルバー(メタリック)
53 a…サップグリーン(カラー)
　　b…ゴールドディープ(メタリック)
54 a…ピロールルビン(カラー)
　　b…ゴールドディープ(メタリック)
55 a…ピロールルビン(カラー)
　　b…ゴールドディープ(メタリック)
56 a…コンポーズブルー(カラー)
　　b…ゴールドディープ(メタリック)

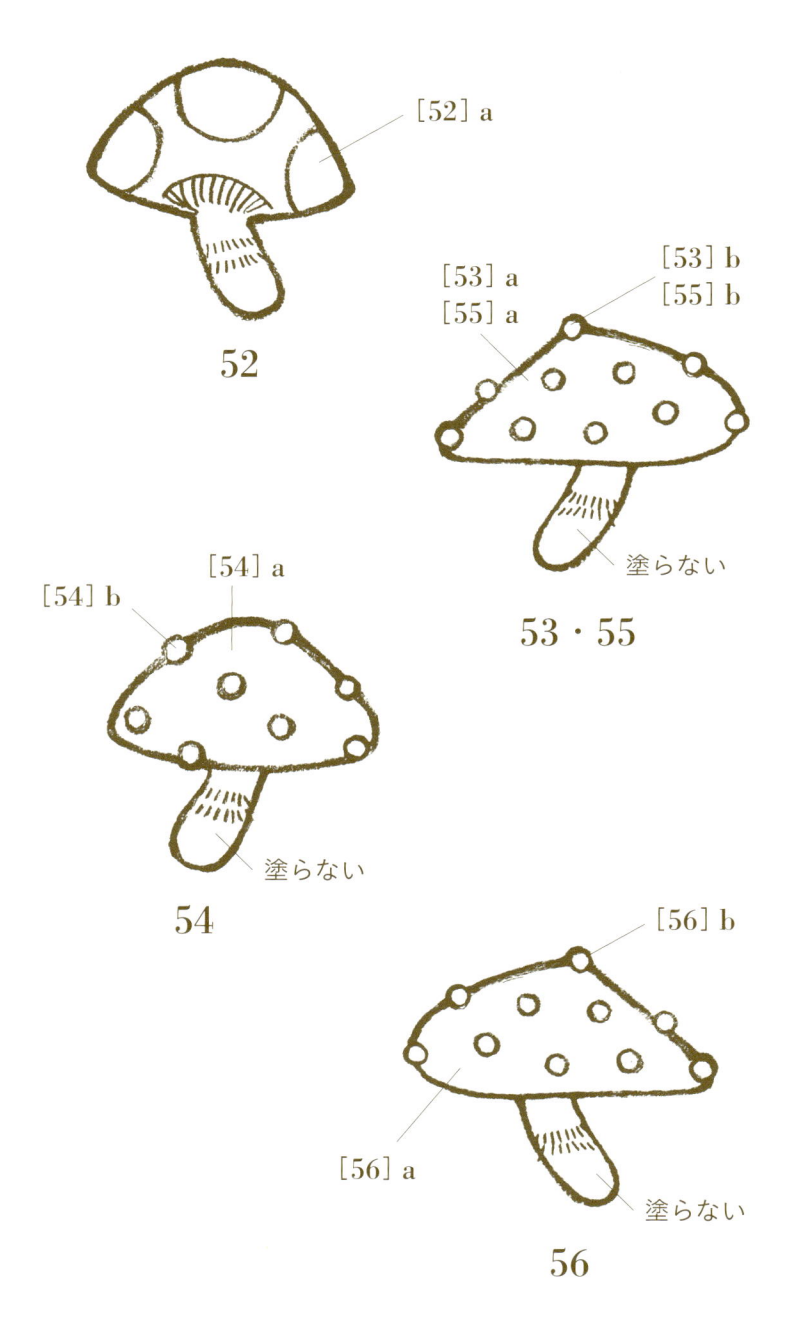

[52] a

52

[53] a
[55] a
[53] b
[55] b
塗らない

53・55

[54] b
[54] a
塗らない

54

[56] b
[56] a
塗らない

56

57, 58
Cloud
(作品掲載：p.20)

使用する材料

57 ・粘土(黒)
　・ブローチピン(30mm)
58 ・粘土(黒)
　・ブローチピン(30mm)

使用する色

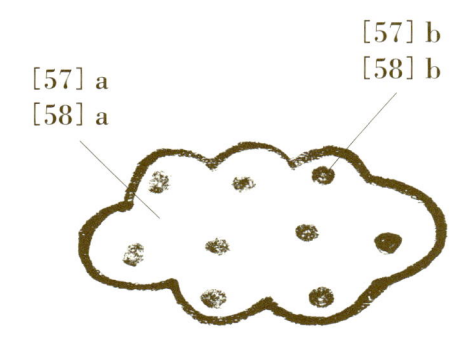

57　a…アッシュグリーン(ガッシュ)
　　b…ゴールドディープ(カラー)
58　a…グレイv-8(カラー)
　　b…ゴールドディープ(メタリック)

[57] a
[58] a

[57] b
[58] b

57・58

59～63
Ribbon
(作品掲載：p.21)

使用する材料

59 ・粘土(白)
 ・ブローチピン(30mm)
60 ・粘土(黒)
 ・ブローチピン(30mm)
61 ・粘土(白)
 ・ブローチピン(30mm)
62 ・粘土(黒)
 ・ブローチピン(30mm)
63 ・粘土(茶)
 ・ブローチピン(30mm)

使用する色

59 a…コンポーズブルー(カラー)
 b…ジンクホワイト(カラー)
60 a…シルバー(メタリック)
61 a…コンポーズブルー(カラー)
 b…ピロールルビン(カラー)
 c…シルバー(メタリック)
62 a…ジンクホワイト(カラー)
 b…ゴールドディープ(メタリック)
63 a…ピロールルビン(カラー)
 b…ジンクホワイト(カラー)
 c…ゴールドディープ(メタリック)

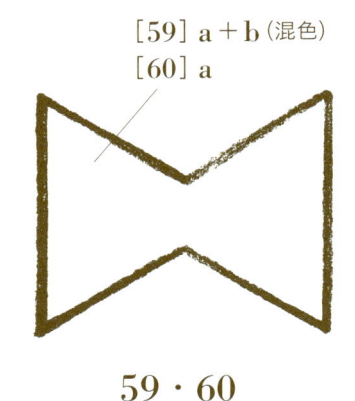

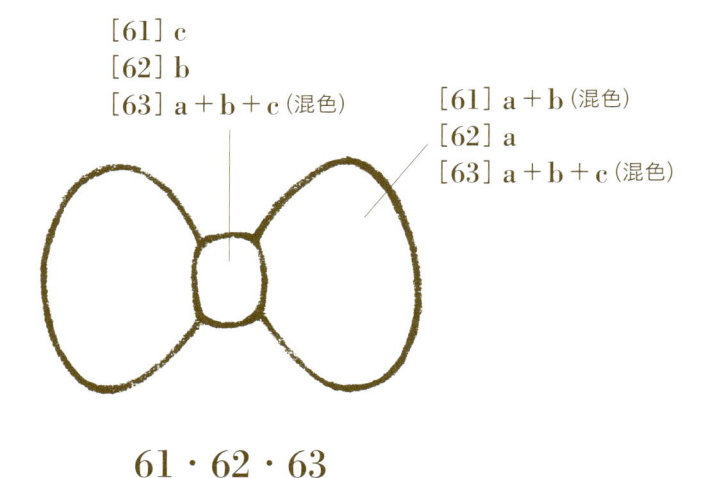

[59] a＋b (混色)
[60] a

59・60

[61] c
[62] b
[63] a＋b＋c (混色)

[61] a＋b (混色)
[62] a
[63] a＋b＋c (混色)

61・62・63

64〜69
Darana Horse
（作品掲載：p.22）

使用する材料と道具

64 ・粘土（黒）
　　・模様の道具（スタンプの○）
　　・ブローチピン（35mm）

65 ・粘土（茶）
　　・模様の道具（スタンプの○）
　　・ブローチピン（35mm）

66 ・粘土（黒）
　　・模様の道具（スタンプの○）
　　・ブローチピン（35mm）

67 ・粘土（白）
　　・ブローチピン（20mm）

68 ・粘土（茶）
　　・ブローチピン（20mm）

69 ・粘土（黒）
　　・ブローチピン（35mm）

使用する色

64 色なし
65 a…ジンクホワイト（カラー）
66 a…ゴールドライト（メタリック）
67 a…イミダゾロンレモン（カラー）
68 a…ジンクホワイト（カラー）
　　b…バーントアンバー（カラー）
69 a…アイボリブラック（カラー）

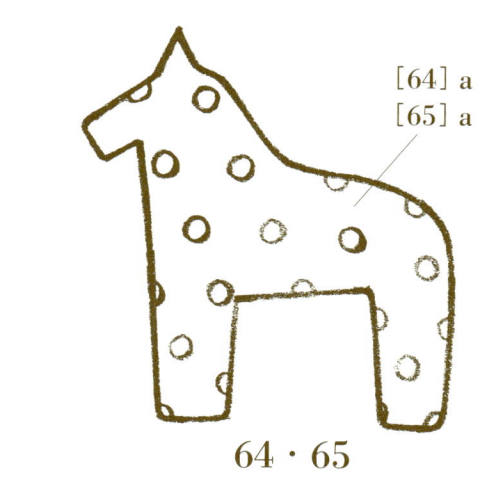

[64] a
[65] a

64・65

[66] a

66

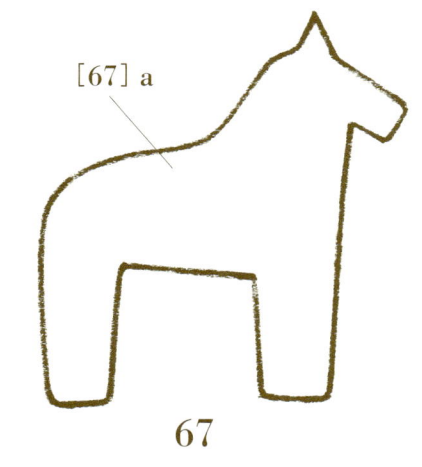

[67] a

67

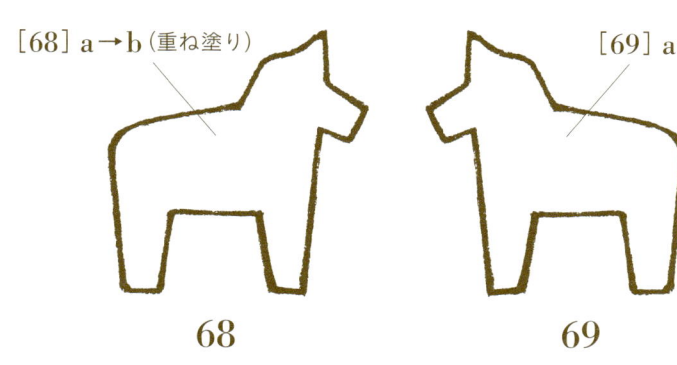

[68] a→b（重ね塗り）

68

[69] a

69

70〜72 *Apple*
(作品掲載：p.23)

使用する材料と道具

70 ・粘土(白)
 ・模様の道具(竹串)
 ・ブローチピン(20mm)
71 ・粘土(白)
 ・模様の道具(竹串)
 ・ブローチピン(20mm)
72 ・粘土(茶)
 ・模様の道具(竹串)
 ・ブローチピン(20mm)

使用する色

70 a…ピロールルビン(カラー)
 b…イミダゾロンレモン(カラー)
 c…バーントアンバー(カラー)
71 a…ピロールルビン(カラー)
 b…コンポーズブルー(カラー)
 c…バーントアンバー(カラー)
 d…ゴールドライト(カラー)
72 a…グリニッシュイエロー(カラー)
 b…イミダゾロンレモン(カラー)
 c…バーントアンバー(カラー)

[71] a
[71] d
[71] b + c (混色)

71

[70] c
[72] c

[70] a → b (重ね塗り)
[72] a → b (重ね塗り)

73〜75 *Button*
(作品掲載：p.24)

使用する材料と道具

73 ・粘土(茶)
 ・模様の道具(すり棒)
 ・ブローチピン(20mm)
74 ・粘土(茶)
 ・模様の道具(すり棒)
 ・ブローチピン(20mm)
75 ・粘土(茶)
 ・模様の道具(すり棒)
 ・ブローチピン(20mm)

使用する色

73 a…ピロールルビン(カラー)
74 a…シルバー(メタリック)
75 a…フタログリーン(メタリック)

※作品73〜75は、使用する「すり棒」より直径が10mmほど大きい丸や四角を作り、すり棒で型押しします。

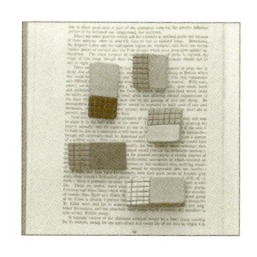

76〜80
Square
（作品掲載：p.25）

使用する材料と道具

76 ・粘土（茶）
　・模様の道具（粘土細工用のスパチュラ）
　・ブローチピン（35mm）

77 ・粘土（茶）
　・模様の道具（粘土細工用のスパチュラ）
　・ブローチピン（30mm）

78 ・粘土（茶）
　・模様の道具（粘土細工用のスパチュラ）
　・ブローチピン（35mm）

79 ・粘土（茶）
　・模様の道具（粘土細工用のスパチュラ）
　・ブローチピン（30mm）

80 ・粘土（茶）
　・模様の道具（粘土細工用のスパチュラ）
　・ブローチピン（30mm）

使用する色

76 a…アイボリブラック（カラー）
　b…ゴールドディープ
77 a…アッシュグリーン（ガッシュ）
　b…ゴールドディープ（メタリック）
78 a…アッシュローズ（ガッシュ）
　b…ゴールドディープ（メタリック）
79 a…アッシュローズ（ガッシュ）
　b…ゴールドディープ（メタリック）
80 a…アッシュグリーン（ガッシュ）
　b…ゴールドライト（メタリック）

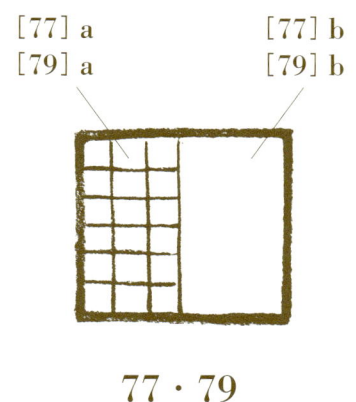

[77] a　　[77] b
[79] a　　[79] b

77・79

[76] a　　[76] b
[78] b　　[78] a
[80] b　　[80] a

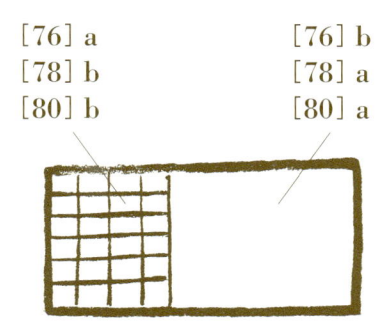

76・78・80

67

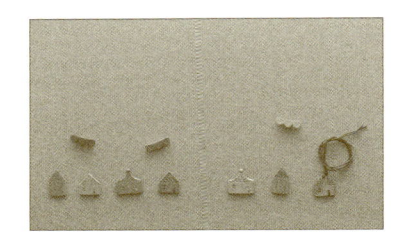

81〜90
House & Garland
（作品掲載：p.26, 27）

使用する材料と道具

81 ・粘土（黒）
　・ブローチピン（25mm）
82 ・粘土（茶）
　・ブローチピン（25mm）
83 ・粘土（茶）
　・ブローチピン（20mm）
84 ・粘土（茶）
　・模様の道具（竹串、
　　粘土細工用のスパチュラ、
　　木のマドラーをカットしたもの）
　・ブローチピン（30mm）
85 ・粘土（茶）
　・模様の道具（スタンプの△、
　　木のマドラーをカットしたもの）
　・ブローチピン（30mm）
86 ・粘土（黒）
　・模様の道具（竹串、プラスチックスプーン、
　　木のマドラーをカットしたもの）
　・ブローチピン（30mm）
87 ・粘土（黒）
　・模様の道具（プラスチックスプーン、
　　木のマドラーをカットしたもの）
　・ブローチピン（25mm）
88 ・粘土（茶）
　・模様の道具（プラスチックスプーン、
　　木のマドラーをカットしたもの）
　・ブローチピン（30mm）
89 ・粘土（黒）
　・模様の道具（スタンプの△、つまようじ、
　　木のマドラーをカットしたもの）
　・ブローチピン（20mm）
90 ・粘土（黒）
　・模様の道具（粘土細工用のスパチュラ、
　　木のマドラーをカットしたもの）
　・ネックレス用のひも（長さはお好みで）

使用する色

81 a…フタログリーン（カラー）
82 a…ピロールルビン（カラー）
　 b…ジンクホワイト（カラー）
　 c…ゴールドライト（メタリック）
83 a…イミダゾロンレモン（カラー）
84 a…アッシュグリーン（ガッシュ）
85 a…ジンクホワイト（カラー）
　 b…バーントアンバー（カラー）
86 a…コンポーズブルー（カラー）
　 b…ゴールドライト（メタリック）
87 a…コンポーズブルー（カラー）
　 b…ジンクホワイト（カラー）
　 c…ピロールルビン（カラー）
88 a…シルバー（メタリック）
　 b…ゴールドディープ（メタリック）
89 a…アッシュイエロー（ガッシュ）
90 a…ジンクホワイト（カラー）
　 b…コンポーズブルー（カラー）
　 c…ピロールルビン（カラー）

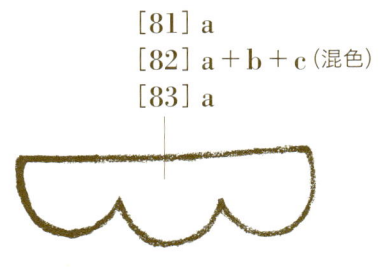

[81] a
[82] a + b + c（混色）
[83] a

81・82・83

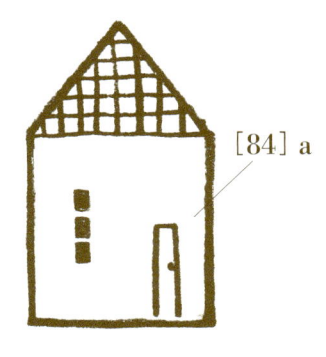

[84] a

84

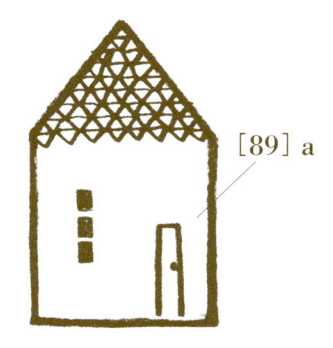

[89] a

89

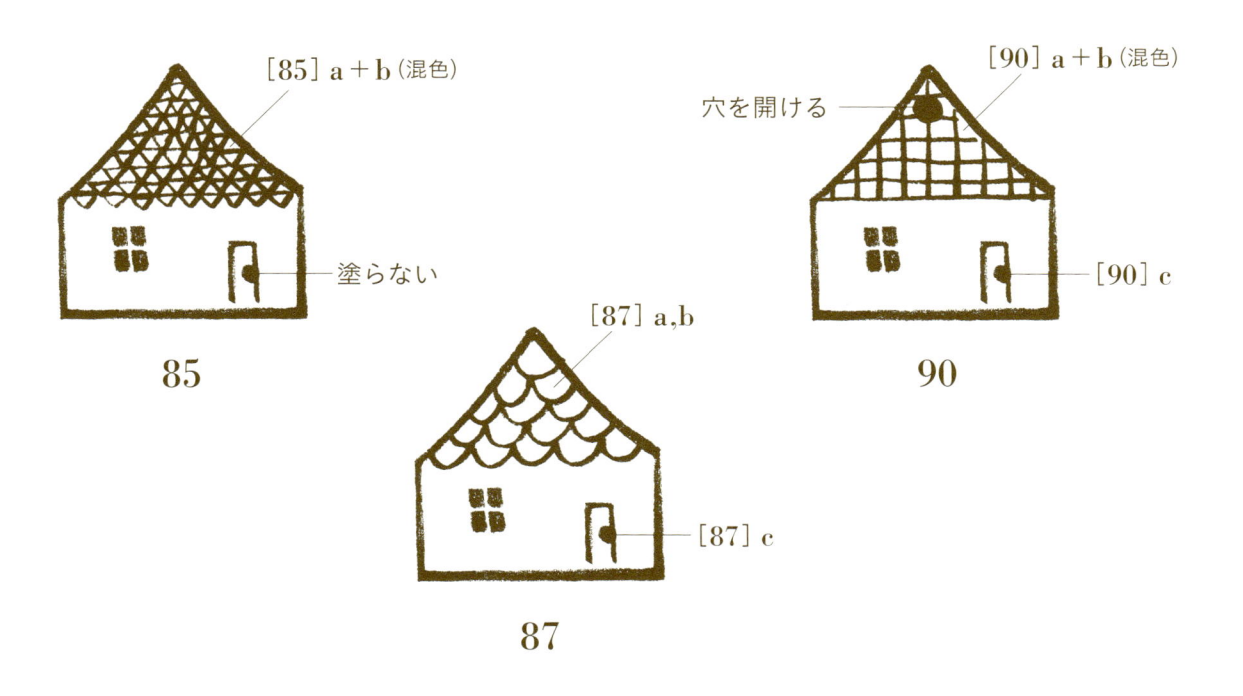

[85] a + b（混色）

塗らない

[90] a + b（混色）

穴を開ける

[90] c

85

[87] a,b

[87] c

87

90

[86] a

[86] b

[88] b

[88] a

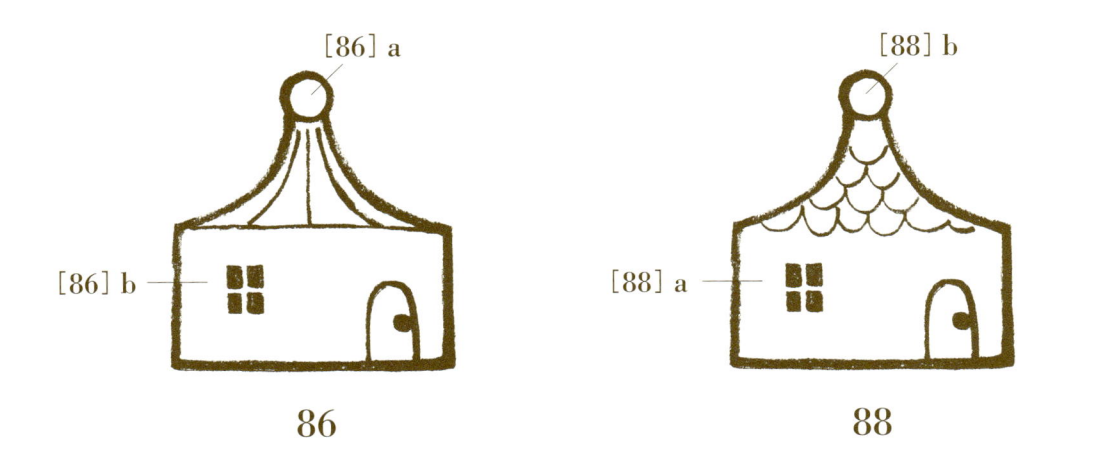

86

88

91〜95
Circle
(作品掲載：p.28)

使用する材料と道具

91 ・粘土(黒)
　・模様の道具(プラスチックマドラー)
　・ブローチピン(30mm)

92 ・粘土(白)
　・模様の道具(プラスチックマドラー)
　・ブローチピン(30mm)

93 ・粘土(黒)
　・模様の道具(プラスチックマドラー)
　・ブローチピン(30mm)

94 ・粘土(茶)
　・模様の道具(木のマドラーをカットしたもの)
　・ブローチピン(20mm)

95 ・粘土(黒)
　・模様の道具(粘土細工用のスパチュラ)
　・ブローチピン(20mm)

使用する色

91　a…ゴールドディープ(メタリック)
92　a…イミダゾロンレモン(カラー)
　　b…ピロールルビン(カラー)
　　c…ゴールドディープ(メタリック)
93　a…シルバー(メタリック)
94　a…ゴールドディープ(メタリック)
95　a…ゴールドディープ(メタリック)

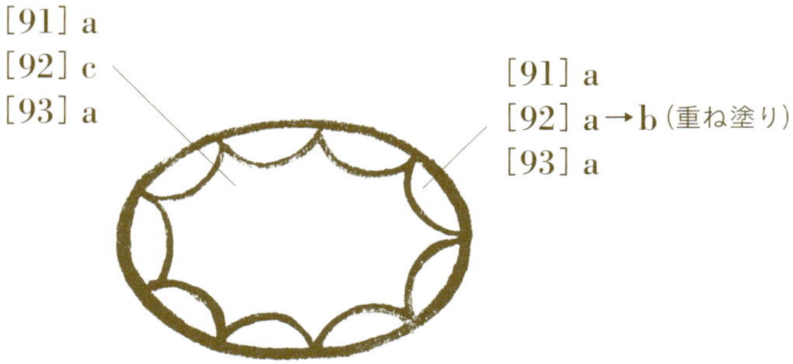

[91] a
[92] c
[93] a

[91] a
[92] a→b (重ね塗り)
[93] a

91・92・93

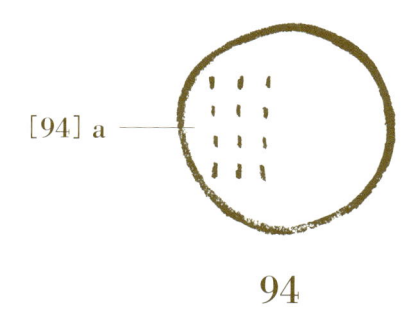

[94] a

94

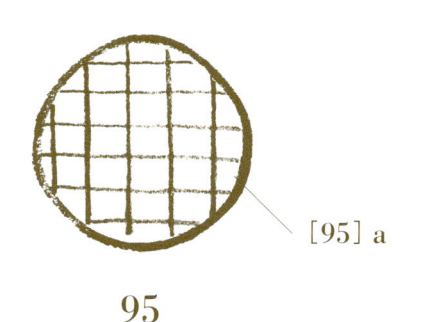

[95] a

95

96〜98
Hair Accessory

(作品掲載：p.29)

使用する材料と道具

96 ・粘土（黒）
　　・模様の道具（プラスチックマドラー）
　　・ヘアゴム（180mm）

97 ・粘土（黒）
　　・模様の道具（粘土細工用のスパチュラ）
　　・丸皿付きヘアピン（160mm）

98 ・粘土（白）
　　・模様の道具（粘土細工用のスパチュラ）
　　・ヘアゴム（180mm）

使用する色

96 a…ゴールドライト（メタリック）
97 a…シルバー（メタリック）
98 a…アッシュローズ（ガッシュ）

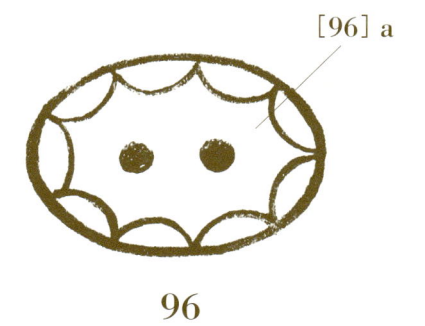

[96] a

96

[97] a

97

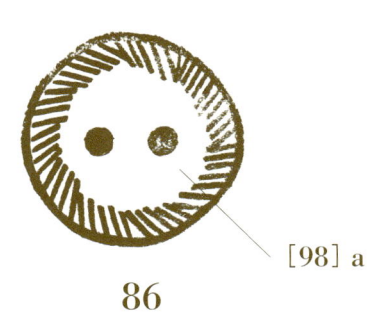

[98] a

86

atelier antenna アトリエアンテナ
イワクラケイコ

美術作家・岩倉慶子
1977年生れ。福岡市出身、大分市在住。大分県立芸術文化短期大学美術科卒、同校美術専攻科彫刻コース卒業。学校を卒業後、会社員を経て独立。2005年より主に陶素材を中心とした製作活動を始める。企画展の参加やイベント出店、個展開催など多数。日常が楽しくなるような作品作りを目指し日々活動中。

[HP] http://antenna-queico.info/
[Instagram] atelier_antenna
[Twitter] @antenna_queico

撮影協力　　AWABEES
　　　　　　UTUWA

Staff
撮影［p.4〜29、47］馬場わかな
　　［p.31〜46］柴田愛子（スタジオダンク）
ブックデザイン　加藤美保子（スタジオダンク）
図案トレース　　池辺智美
ライター　　　　山口美智子
編集　　　　　　加藤風花（スタジオポルト）
　　　　　　　　大沢洋子（文化出版局）

オーブンで焼いてつくる
陶器風ブローチ&アクセサリー

2015年6月21日　第1刷発行

著　者　　イワクラケイコ
発行者　　大沼 淳
発行所　　学校法人文化学園 文化出版局
　　　　　〒151-8524
　　　　　東京都渋谷区代々木3-22-1
　　　　　電話　03-3299-2489（編集）
　　　　　　　　03-3299-2540（営業）
印刷・製本所　株式会社文化カラー印刷

©学校法人文化学園 文化出版局 2015　Printed in Japan
本書の写真、カット及び内容の無断転載を禁じます。

・本書のコピー、スキャン、デジタル化等の無断複製は著作権法上での例外を除き禁じられています。本書を代行業者等の第三者に依頼してスキャンやデジタル化することは、たとえ個人や家庭内での利用でも著作権法違反になります。
・本書で紹介した作品の全部または一部を商品化、複製頒布、及びコンクールなどの応募作品として出品することは禁じられています。
・撮影状況や印刷により、作品の色は実物と多少異なる場合があります。ご了承ください。

文化出版局のホームページ　http://books.bunka.ac.jp/